일본어 발음연습

정현혁 저

제이앤씨
Publishing Company

머 리 말

현재 시중에 나와 있는 일본어 발음 관련 교재는 다른 분야의 교재에 비해 적은 편이다. 또한 한국인 일본어 학습자가 일본인에게 잘 통하는 알아듣기 쉬운 발음을 구사하도록 구성된 교재는 거의 없다고 말할 수 있다.

이러한 점에 착안하여 본 교재는 한국인 일본어 학습자가 일본인에게 말을 할 때 듣기 쉽고 알기 쉽게 발음할 수 있도록 인토네이션에 중점을 둔 Slash(단락부호) - Reading법을 제시하여 실전 연습을 할 수 있도록 하였다. 구체적인 구성은 다음과 같다.

우선 제1장에 '듣기 쉽고 알기 쉬운 일본어 인토네이션'을 배치하여 어떠한 인토네이션을 이용한 발음법이 일본인에게 듣기 쉽고 알기 쉽게 전달되는 지를 제시하고 있다. 그 후 2장부터 12장까지는 '일본어의 악센트', '일본어의 모음(母音)과 자음(子音)', '일본어의 직음(直音)과 요음(拗音)', '일본어의 리듬Ⅰ - 장음(長音)과 연모음(連母音) -', '일본어의 리듬Ⅱ - 촉음(促音) -', '일본어의 리듬Ⅲ - 발음(撥音) -', '일본어 축약형과 문말 인토네이션', '일본어의 청음(清音)・탁음(濁音)・반탁음(半濁音)', '일본어의 ザ행・ジャ행음', '일본어의 ハ・ナ・ラ행음과 ガ행비탁음', '일본어의 ツ음과 외래어음의 일본어 표기와 발음'으로 구성하여 일본어 발음에 꼭 필요한 항목을 모두 망라하여 다루었다. 2장부터 12장까지의 각 장은 우선 관련된 음성학적인 설명을 한 뒤 학습자가 직접 원어민의 음성을 듣고 문제를 풀며 실전학습을 할 수 있도록 하였다. 마지막 13장에서는 2장부터 12장까지의 일본어 발음을 총정리하는 식으로 구성하였다.

특히 일본인에게 듣기 쉽고 알기 쉽게 전달되는 인토네이션을 한국인 일본어 학습자가 구사할 수 있도록 하기 위하여 모든 장에 걸쳐 회화체 문 2개와 문장체 문 2개를 엄선하여 Slash(단락부호)-Reading과 OJAD(Online Japanese Accent Dictionary) 무료 프로그램을 이용한 문 인토네이션 연습(repeat와 shadowing)을 하도록 하였다. 특히 문장체 문 중의 하나는 일본 전래동화인 '우라시마타로(浦島太郎)' 낭독 연습도 겸할 수 있도록 하였다.

일본인과 커뮤니케이션을 함에 있어서 듣기 쉽고 알기 쉽게 전달할 수 있는 일본어 발음을 원하는 한국인 일본어 학습자에게 본 교재는 가장 효과적이라고 판단된다.

끝으로 이 교재 사용자들의 아낌없는 의견과 질책을 기대하며 교재 출판까지 많은 배려와 노고를 아끼지 않으신 도서출판 제이앤씨의 윤석현 사장님께 감사의 말씀을 드린다.

2022년 3월
이문동 연구실에서
저자 정 현 혁

차 례

제1과   듣기 쉽고 알기 쉬운 일본어 인토네이션   7

제2과   일본어의 악센트   15

제3과   일본어의 모음(母音)과 자음(子音)   25

제4과   일본어의 직음(直音)과 요음(拗音)   35

제5과   일본어의 리듬 I – 장음(長音)과 연모음(連母音) –   41

제6과   일본어의 리듬 II – 촉음(促音) –   47

제7과   일본어의 리듬 III – 발음(撥音) –   53

제8과   일본어 축약형과 문말인토네이션   59

제9과   일본어의 청음(清音)·탁음(濁音)·반탁음(半濁音)   69

제10과   일본어의 ザ행·ジャ행음   79

제11과   일본어의 ハ·ナ·ラ행음과 ガ행비탁음   85

제12과   일본어의 ツ음과 외래어음의 일본어 표기와 발음   93

제13과   일본어 발음 총정리   109

부록   연습문제 해답   121

제1과

듣기 쉽고 알기 쉬운
일본어 인토네이션

학습내용

- 인토네이션과 프로미넌스
- Slash(단락부호(/))-reading과 인토네이션의 야마([⌒]자형)
- OJAD(Online Japanese Accent Dictionary) 사용법
- Slash-reading과 OJAD를 이용한 문 인토네이션 연습(repeat와 shadowing)

알기 쉽고 듣기 쉬운 일본어를 발음하기 위해서 요구되는 가장 중요한 부분

(1) 인토네이션

[정의]
일정의 표현단위(단어, 구, 문 등)에 주로 고저(pitch)라고 하는 음성적 속성을 부과함으로써
그 전달형식, 즉 [문체]를 정하는 것.

[특징]
  ○ 문 전체(문말 포함)에 나타남.
  ○ 형태는 정해져 있지 않음. 실제 높이의 변화로써 여러가지 패턴이 나타남.
  ○ 해당하는 문의 단어 악센트, 문의 구조, 발화의 의도에 의해 정해짐.
  ○ 일본어 평서문의 인토네이션은 보통 [⌒]자와 같은 형태로 나타남.
  ○ 일본어 인토네이션은 다른 외국어에 비해 비교적 평평한 느낌으로 발음됨.
  ○ 자연스러운 발음으로 들리기 위해서 가장 중요한 요소임.
  ○ 문의 어느 부분을 상대에게 가장 전하고 싶은지, 그 문을 어떠한 의도로 발음했는가를 나타
    내는 등 음성으로 커뮤니케이션을 할 때 가장 중요한 역할을 가지고 있음.

(2) 프로미넌스

① 프로미넌스(prominence) = 強調卓立
[정의]
문 도중의 어떤 부분(語 또는 語句)를 강조하기 위해서 그 부분을 높고 강하게 또는 크고 길게
천천히 발음한다든지, 짧은 포즈를 둔다든지 해서 두드러지게 하여 문의 의미를 명확하게 하
는 기능.

[특징]
  ○ 화자의 표현의도와 깊게 관여한다는 점에서 인토네이션과 공통됨.
  ○ 사회적 관습성은 일반적으로 약함.
  ○ 많은 언어(방언)에 공통되는 경우가 많음.

[표현방법]

- 강조하고자 하는 곳만을 높게 발음함.
- 강조하고자 하는 곳의 속도를 떨어뜨림.
- 강조하고자 하는 곳의 전후에 포즈를 넣음.
- 강조하고자 하는 곳의 음성 크기를 바꿈.
- 강조하고자 하는 발성을 바꿈(예를 들면 속삭이는 소리를 하는 것 등)

  예) 🔊 今夜は彼女とパーティーへ行きます。

  ① コンヤワ　カノジョト　パーティーエ　イキマス。

  ② コンヤワ　**カノジョト**　パーティーエ　イキマス。

  ③ コンヤワ　カノジョト　**パーティーエ**　イキマス。

② 포즈와 Slash(区切り 단락부호)

- 포즈는 발화에 있어서의 일시적 정지를 말함.
- 알기 쉽게 말하기 위해서는 Slash(단락부호(区切り))나 포즈가 가장 중요함.
- Slash(区切り 단락부호)는 문 중의 구로써 한번에 발화되는 부분이며 /로 나타내며, 포즈는 문의 끝이나 문과 문 사이의 쉬는 부분으로 //로 나타냄.

  예) 申し訳ありません。//電話が/遠いようなので、//もう一度/かけ直します。//

- 문 중의 구에 Slash(단락부호(区切り))를 넣으면 전달하기가 쉬워짐.
- Slash를 넣은 하나하나의 구는 인토네이션의 큰 야마(山[やま])가 됨.

  예) 昨日/借りてきたビデオを見た。

2. Slash(단락부호(/))-reading과 인토네이션의 야마

알기 쉽고 듣기 쉬운 일본어를 발음하는 방법은, 일본어 평서문 인토네이션이 보통 [へ]자형 커브로 나타나는 특징을 이용하여, 하나의 문에 Slash(단락부호(/))를 넣어 나누고, 나누어진 구 위에 [へ]자형 커브를 그려 넣어 그대로 발음해 나감. 이 방법은 읽기 쉽게 하기 위하여 [、]외에도 [/](Slash)를 쓰기 때문에 Slash-reading이라고 함.

(1) Slash(/) 및 포즈(//)가 들어가는 곳

① 조사의 뒤.

② 연체수식절의 뒤.

③ 접속사, 부사의 뒤, 중요한 말의 전후(예 : しかし， たとえば…)

④ 말을 나열한다든지, 때나 이유를 나타낸다든지 하는 말의 뒤(예 : ～と， ～て， ～たり，
  ～が， ～たら， ～ので， ～とき， 昔， あした， 今日…)

⑤ 박수가 대략 15박이내로 의미를 구성하는 구

  예) 発表では、//テレビや/新聞などの/メディアから発信される/情報について/考えてみ
  たいと思います。//

(2) 일본어 문은 하나의 문 인토네이션에 하나의 산이 있는 형태인데, 이 형태를 한 인토네이션을 인
  토네이션의 야마(山[やま])라고 부름.

○ 인토네이션에 있어서 야마 형태(「へ」자형)의 규칙

  ① 구의 첫번째 음(첫번째 박)과 두번째 음(두번째 박)의 높이가 다름.

    ─ 첫번째 박이 낮을 때 두번째 박은 높아짐(단, 두번째 박이 촉음일 때는 세번째 박이 높아짐)

    ─ 첫번째 박이 높을 때 두번째 박은 낮아짐.

    ─ 두번째 박이 장음, 발음(撥音)일 때 첫 번째 박과 두 번째 박의 높이의 차이가 두드러지
      지 않음.

  ② 악센트 핵이 있는 곳까지는 내려가지 않음.

  ③ 첫 번째 악센트 핵에서 내려감(단어 악센트가 야마의 형태를 정함).

  ④ 두 번째 악센트 핵부터는 그 때마다 조금씩 내려감.

  ⑤ 야마 안에서는 한 번 내려가면 올라가지 않음.

    예) 発表では、//テレビや/新聞などの/メディアから発信される/情報について/考えて
    みたいと思います。//

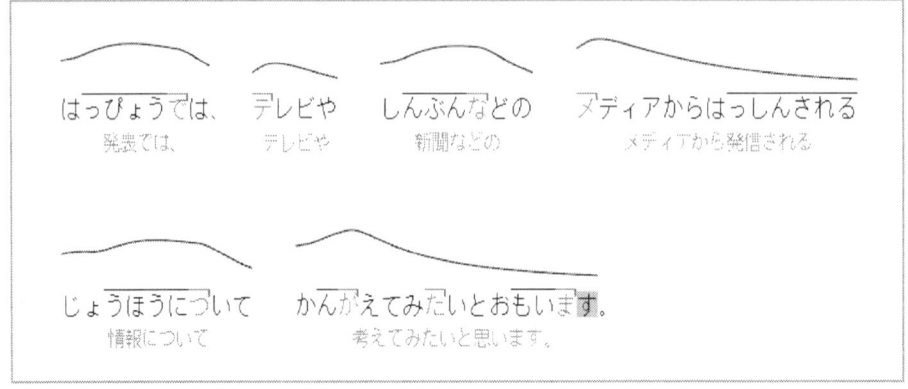

○ 인토네이션에 있어서 야마 수의 규칙

　① 기본적으로 하나의 문에는 하나의 야마가 존재함.

　② 문 도중에 포커스가 있거나 단락부호/ 및 포즈//가 들어가 있을 때, 거기에서부터 새롭게
　　 야마가 시작되고, 야마의 수가 증가함.

○ 일본어 평서문의 인토네이션은 악센트 조합에 따라 두 가지 패턴을 생각할 수 있음.

　① 야마의 내려가는 부분이 있는 것(하나의 구 악센트가 기복식인 경우).

　② 야마의 내려가는 부분이 없는 것(하나의 구 악센트가 평판식인 경우).

3) OJAD(Online Japanese Accent Dictionary) 사용법

○ OJAD를 이용하여 악센트와 [へ]자 커브 작성 전에 선행되어야 할 사항

① 문의 한자표기어를 바르게 읽을 줄 알아야 함.

② 문에 [、] [。]과 함께 Slash(단락부호(포즈부호 포함))를 넣을 것.

[순서]

1) 예) → 発表では、テレビや新聞などのメディアから発信される情報について考えてみた
　　 いと思います。

2) 변환1(Slash-reading) → 発表では、テレビや/新聞などの/メディアから発信される/情報
　　 について/考えてみたいと思います。

3) 변환1의 문을　복사하여 OJAD(http://www.gavo.t.u-tokyo.ac.jp/ojad/phrasing/index)의 韻律読
　　 み上げチュータスズキクン 네모박스 안에 붙여넣기를 한 후 조건을 다음과 같이 하여 실행
　　 버튼을 누름.

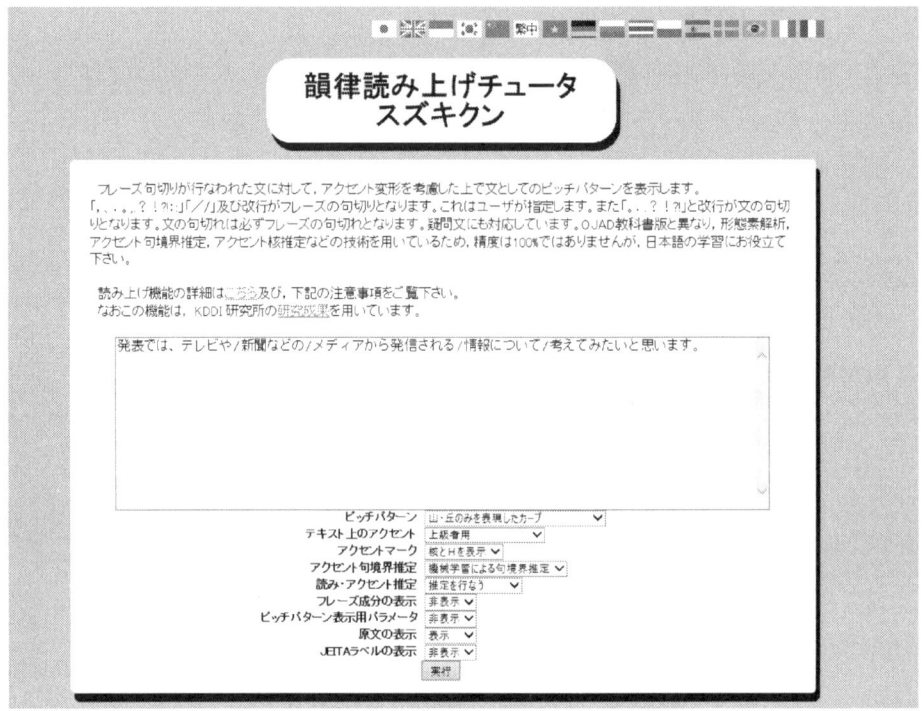

4) 아래의 네모박스에 다음과 같이 악센트와 [へ]자형 커브가 표시됨.

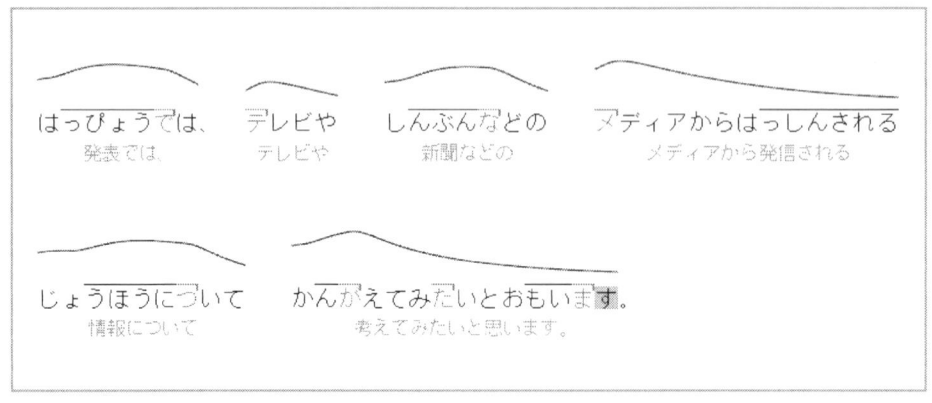

5) 위 그림을 보면서 손으로 제스춰를 취하며 발음연습을 함.

[회화체 문(1)] 🔊

○ 자기소개표현

  A: はじめまして。//金(キム)です。//どうぞよろしくお願いします。//

    처음 뵙겠습니다. 김 입니다. 부디 잘 부탁 드립니다.

  B: はじめまして。//佐藤(さとう)です。//よろしくお願いします。//

    처음 뵙겠습니다. 사토입니다. 잘 부탁합니다.

① 위의 회화체 문에 Slash와 포즈 기호를 넣고 OJAD의 韻律読み上げチュータスズキクン을
  실행시켜 보세요.(http://www.gavo.t.u-tokyo.ac.jp/ojad/phrasing/index)

② OJAD 실행 결과를 보며 손으로 제스춰를 취하면서 5번씩 소리내어 발음해 보세요.

③ OJAD 실행 결과를 보며 원어민 음성을 들은 후 5번씩 따라서 소리내어 발음해 보세요.

④ OJAD 실행 결과를 보지 않고 원어민 음성을 들으며 동시에 5번씩 소리내어 발음해 보세요.

[회화체 문(2)] 🔊

○ 참고가 되는 책이나 자료 등을 받았을 때 표현

  ありがとうございます。// 早速/拝見いたします。//

  감사합니다. 바로 읽어 보겠습니다.

① 위의 회화체 문에 Slash와 포즈 기호를 넣고 OJAD의 韻律読み上げチュータスズキクン을
  실행시켜 보세요.(http://www.gavo.t.u-tokyo.ac.jp/ojad/phrasing/index)

② OJAD 실행 결과를 보며 손으로 제스춰를 취하면서 5번씩 소리내어 발음해 보세요.

③ OJAD 실행 결과를 보며 원어민 음성을 들은 후 5번씩 따라서 소리내어 발음해 보세요.

④ OJAD 실행 결과를 보지 않고 원어민 음성을 들으며 동시에 5번씩 소리내어 발음해 보세요.

[문장체 문(1)] 🔊

午後六時以降の/ご注文は、//翌日の/お取り扱いとなります。//

오후 6시이후의 주문은 다음 날 취급하는 것으로 되어 있습니다.

① 위의 문장체 문에 Slash와 포즈 기호를 넣고 OJAD의 韻律読み上げチュータスズキクン을
  실행시켜 보세요.(http://www.gavo.t.u-tokyo.ac.jp/ojad/phrasing/index)

② OJAD 실행 결과를 보며 손으로 제스춰를 취하면서 5번씩 소리내어 발음해 보세요.

③ OJAD 실행 결과를 보며 원어민 음성을 들은 후 5번씩 따라서 소리내어 발음해 보세요.

④ OJAD 실행 결과를 보지 않고 원어민 음성을 들으며 동시에 5번씩 소리내어 발음해 보세요.

[문장체 문(2)] ◀ッ

○ 일본전래동화읽기 "우라시마타로(浦島太郎)"(1)

昔々、//海辺の/小さな村に、//浦島太郎という/若い/漁師が/母親と一緒に/住んでいました。//ある日、//太郎が/海辺を散歩していると、//子供達が/集まって/ワイワイガヤガヤと/大騒ぎをしています。//太郎は/何だろうと思って/近づいてみると、//子供達が/一匹のカメを/棒で/叩いたりつっついたり、//カメを/裏返したりして、//遊んでいました。//

옛날 옛날에, 바닷가 작은 마을에 우라시마 타로라고 하는 젊은 어부가 어머니와 함께 살고 있었습니다. 어느 날, 타로가 바닷가를 산책하고 있는데 아이들이 모여 와글와글 떠들어 대고 있었습니다. 타로는 뭔가 하고 가까이 가보니 어린 아이들이 거북이 한 마리를 봉으로 두드리거나 찌르거나 뒤집거나 하면서 놀고 있었습니다.

① 다음 문장체 문에 Slash와 포즈 기호를 넣고 OJAD의 韻律読み上げチュータスズキクン을 실행시켜 보세요.(http://www.gavo.t.u-tokyo.ac.jp/ojad/phrasing/index)

② OJAD 실행 결과를 보며 손으로 제스춰를 취하면서 5번씩 소리내어 발음해 보세요.

③ OJAD 실행 결과를 보며 원어민 음성을 들은 후 5번씩 따라서 소리내어 발음해 보세요.

④ OJAD 실행 결과를 보지 않고 원어민 음성을 들으며 동시에 5번씩 소리내어 발음해 보세요.

제2과

일본어의 악센트

학습내용

- 일본어 악센트와 특징
- 규칙적인 악센트
- 규칙적인 악센트 연습
- Slash-reading과 OJAD를 이용한 문 인토네이션 연습(repeat와 shadowing)

1 **일본어 악센트와 특징**

(1) 악센트(accent)

○ 정의 : 개개의 어(語)에 대해서 사회적 관습으로써 일정하게 정해져 있는 음의 상대적인 고 저 또는 강약의 배치.

○ 종류

 - 고저(高低)악센트 : 일본어, 베트남어, 수단어, 아메리카 인디언어, 리투아니아어, 고대 그리이스어, 라틴어 등.

 - 강약(強弱)악센트 : 영어, 독일어, 러시아어, 스페인어, 이탈리아어 등.

(2) 일본어 악센트와 특징

○ 정의 : 악센트절(語 또는 文節)을 구성하는 박(拍) 상호간에 인정할 수 있는 상대적(相対的) 인 고저관계(高低関係)의 규칙.

○ 특징

1) 고저 악센트이며 [고][저] 2종류의 박 조합에 의해 어(語)의 악센트가 구성됨.

2) 공통어의 악센트에는 규칙이 있음.

 ○ 첫번째 박과 두번째 박의 높이가 다름.

 ○ 하나의 어 또는 문절 속에서 한 번 음이 낮아지면 다시 높아 지지 않음.

 예) 3박 명사의 경우(● : 높은 박, ○ : 낮은 박, ▶ : 조사 높은 박, ▷ : 조사 낮은 박)

  (가능) ●○▷, ○●○▷, ○●●▷, ○●●▶

  (불가능) ●●●▷, ●●●▶, ●●○▷, ●○●▶, ●○●▷

3) 고저의 변화는 주로 하나의 박에서 다음 박으로 옮겨지는 곳에서 생김.

 ○ 악센트의 폭포(滝) : 하나의 어(語) 중에서 고에서 저로 옮겨지는 부분.

 ○ 악센트의 핵(核) : 악센트의 폭포가 있는 바로 직전의 박.

 예) アナタ ○●●

 : 두 번째 박 뒤에 악센트의 폭포가 있고 악센트의 핵은 앞에서 두 번째 박에 있음.

4) 고저(高低)배치에 제한이 있어서 악센트 형식으로써의 형(型)종류가 꽤 적음.

 ○ 악센트 형(型) : [고] 와 [저] 두 종류의 박을 조합시키면 일정한 박수(拍数)의 어(語)에 일정한 수의 다른 조합이 생겨나는데 이 조합의 하나하나를 가리킴.

5) 일본어의 악센트는 어(語)의 의미를 구별하는 변별적인 기능보다는 어(語)나 문절(文節)
등을 한 덩어리로 모으거나 갈라지는 곳을 표시하는 통어적 기능 쪽이 큼.

① 변별적(弁別的) 기능(機能)

예) アカ(垢) / アカ(赤)

セーカ : 生花、生家、正価、正貨、正課、成果、声価、青果、盛夏、聖火、
聖歌、精華、製菓、請暇、斉家、臍下

セーカ : 製靴

② 통어적(統語的) 기능(機能)

예) ニワトリガイタ(鶏がいた)   닭이 있다.

ニワトリガイタ(二羽鳥がいた)   두마리 새가 있었다.

○ 일본어 악센트의 식(式)과 형(型)

1) 평판식(平板式) : 악센트의 핵이 없는 것.

① 평판형(平板型)   예) ウサギガ ○●●▶ 토끼가

2) 기복식(起伏式) : 악센트의 핵이 있는 것.

② 두고형(頭高型)   예) テンキガ ●○○▷ 날씨가

③ 중고형(中高型)   예) アナタガ ○●○▷ 당신이

④ 미고형(尾高型)   예) アタマガ ○●●▷ 머리가

2 규칙적인 악센트

(1) 남녀명

○ 두박어인 남녀명은 모두 두고형임.

キヨ●○ 清,   ハナ●○ 花,   ジュン●○ 順・潤・淳,   ミヨ●○ 美代

○ 동사로부터 전성된 3 박이상의 어는 모두 평판형임.

イサム○●● 勇,   シゲル○●● 茂・滋,   ススム○●● 進・晋,   ノボル○●● 登・昇

ハジメ○●● 一・肇

○ 형용사・형용동사로부터 전성된 남녀명은 모두 두고형임.

キヨシ●○○ 清, アキラ●○○ 明・章, タケシ●○○ 武・健・猛, ユタカ●○○ 豊・裕

○ 江, 枝, 恵, 代, 世, 夫, 男, 雄, 也, 弥, 哉 가 뒤에 붙는 남녀명은 평판형이 됨.

マサエ○●● 政江, カズエ○●● 和枝, マサヨ○●● 正代, カズヨ○●● 和代

マサオ○●● 正夫, カズオ○●● 一男

(2) 단순형용사

○ 두 박어는 모두 두고형임.

コイ●○ 濃い 진하다, ナイ●○ 無い 없다, ヨイ●○ 良い 좋다

○ 평판식 형용사

: 단순 형용사의 악센트는 아래의 평판형 형용사 외에 나머지는 모두 뒤에서 두번째 박까지 높은 중고형이므로 아래의 평판형 형용사를 외워두면 편리함.

○●●

アカイ 赤い 빨갛다, アサイ 浅い 얕다, アツイ 厚い 두껍다, アマイ 甘い 달다,
アライ 荒い 거칠다, ウスイ 薄い 얇다, オソイ 遅い 늦다, オモイ 重い 무겁다,
カタイ 堅い 단단하다, カルイ 軽い 가볍다, キツイ 쪼이다, クライ 暗い 어둡다,
ケムイ 煙い 냅다, ツライ 괴롭다, トオイ 遠い 멀다, ネムイ 眠い 졸리다, マルイ 丸い 둥글다

○●●●

アカルイ 明るい 밝다, アブナイ 危ない 위험하다, アヤシイ 怪しい 수상하다,
オモタイ 重たい 무겁다, カナシイ 悲しい 슬프다, キイロイ 黄色い 노랗다,
ケムタイ 煙たい 냅다, ツメタイ 冷たい 차갑다, ネムタイ 眠たい 졸리다,
ヒラタイ 平たい 평평하다, ヤサシイ 優しい 친절하다, ヤサシイ 易しい 쉽다, ヨロシイ 좋다

[형용사 활용형]

− 평판식 : 연용형 -ク형태만 평판형이고 그 밖의 활용형에서는 어간의 마지막 박에 핵이 옴.

종지형, 연체형   アカイ○●● 赤い 빨갛다/빨간

연용형   アカク○●● 赤く 빨갛고

アカクテ○●○○ 赤くて 빨갛고

アカカッタ○●○○○ 赤かった 빨갰다

가정형   アカケレバ○●○○○ 赤ければ 빨가면

- 기복식 : 종지형에 대해서 핵이 왼쪽으로 한 박 옮겨짐.

    종지형, 연체형   アオイ○●○ 青い 파랗다

    연용형   アオク●○○ 青く 파랗고

                   アオクテ●○○○ 青くて 파랗고

                   アオカッタ●○○○○ 青かった 파랬다

    가정형   アオケレバ●○○○○ 青ければ 파라면

(3) 단순동사

○ 종지형이 つ형태로 끝나는 동사는 예외없이 끝에서 두번째 박에 악센트의 핵이 옴.

    ウツ●○ 打つ撃つ討つ 치다,   モツ●○ 持つ 잡다,   マツ●○ 待つ 기다리다,

    タツ●○立つ 서다,   カツ●○ 勝つ 이기다,   タモツ○●○保つ 보존하다,   ソダツ○●○育つ 자라다,

    ワカツ○●○ 分かつ 나누다

○ 동사에 ます가 접속할 경우 핵의 유무를 막론하고 어간 부분의 핵이 사라지고 모두 す 앞에 핵이 옴.

    ミル●○ 見る 보다,   ミマス○●○ 見ます 봅니다

    ワラウ○●● 笑う 웃다,   ワライマス○●●○ 笑います 웃습니다

---

3   **규칙적인 악센트 연습**

(1) 다음 원어민의 음성을 듣고 남녀 명의 악센트가 무슨 형이며, 악센트의 핵이 없으면 0을, 악센트의
핵이 있으면 뒤에서 몇 번째에 있는지 맞춰 보세요.

    1) ◀)) ミヨ   美代 미요

    2) ◀)) タケル 武 다케루

    3) ◀)) マサエ 政江 마사에

    4) ◀)) シズカ 静 시즈카

    5) ◀)) カズエ 一枝 가즈에

    6) ◀)) アヤ 文 아야

    7) ◀)) マモル 守 마모루

8) ◀» ケン　健　켄

9) ◀» ユタカ　豊　유타카

10) ◀» ミノル　実　미노루

(2) 다음 원어민의 음성을 듣고 단순형용사의 악센트 형은 무엇인지, 악센트의 핵이 없으면 0을, 악센트의 핵이 있으면 뒤에서 몇 번째에 있는지 맞춰 보세요.

1) ◀» ヨイ　良い　좋다

2) ◀» アマイ　甘い　달다

3) ◀» シロイ　白い　하얗다

4) ◀» アカルイ　明るい　밝다

5) ◀» ミジカイ　短い　짧다

(3) 다음 원어민의 음성을 듣고 단순형용사의 기본형과 활용형의 악센트 형은 무엇인지, 악센트의 핵이 없으면 0을, 악센트의 핵이 있으면 뒤에서 몇 번째에 있는지 맞춰 보세요.

1) ◀» ナイ　無い　없다 종지형

2) ◀» ナク　無く　없고 연용형

3) ◀» ナクテ　無くて　없고 연용형

4) ◀» ナカッタ　無かった　없었다 연용형

5) ◀» ナケレバ 無ければ　없으면 가정형

6) ◀» オモイ　重い　무겁다 종지형

7) ◀» オモク　重く　무겁고 연용형

8) ◀» オモクテ　重くて　무겁고 연용형

9) ◀» オモカッタ　重かった　무거웠다 연용형

10) ◀» オモケレバ　重ければ　무거우면 가정형

11) ◀» ウレシイ　嬉しい　기쁘다 종지형

12) ◀» ウレシク　嬉しく　기쁘고 연용형

13) ◀» ウレシクテ　嬉しくて　기쁘고 연용형

14) ◀» ウレシカッタ　嬉しかった　기뻤다 연용형

15) ◀» ウレシケレバ　嬉しければ　기쁘면 가정형

(4) 다음 원어민의 음성을 듣고 악센트 형은 무엇인지, 악센트의 핵이 없으면 0을, 악센트의 핵이 있으면 뒤에서 몇 번째에 있는지 맞춰 보세요.

    1) ◀)) タツ　立つ　서다

    2) ◀)) ナキマス　泣きます　웁니다

    3) ◀)) カツ　勝つ　이기다

    4) ◀)) シラベマス　調べます　조사합니다

    5) ◀)) ソダツ　育つ　자라다

4 Slash-reading과 OJAD를 이용한 문 인토네이션 연습(repeat와 shadowing)

[회화체 문(1)] ◀))

○ 수사 표현

  여 : いま/何時ですか。//

     지금 몇 시예요?

  남 : 四時二十分です。//

     네시 이십분이에요.

  여 : //ありがとうございました。//

     고마워요.

① 위의 회화체 문에 Slash와 포즈 기호를 넣고 OJAD의 韻律読み上げチュータスズキクン을 실행시켜 보세요.(http://www.gavo.t.u-tokyo.ac.jp/ojad/phrasing/index)

② OJAD 실행 결과를 보며 손으로 제스춰를 취하면서 5번씩 소리 내어 발음해 보세요.

③ OJAD 실행 결과를 보며 원어민 음성을 들은 후 5번씩 따라서 소리 내어 발음해 보세요.

④ OJAD 실행 결과를 보지 않고 원어민 음성을 들으며 동시에 5번씩 소리내어 발음해 보세요.

[회화체 문(2)] ◀))

○ 다음에 또 만나고 싶을 때

本日は/ありがとうございました。//また/お目にかかれますことを/楽しみにしております。//

오늘은 고마웠습니다. 또 만나 뵐 수 있기를 고대하고 있겠습니다.

① 위의 회화체 문에 Slash와 포즈 기호를 넣고 OJAD의 韻律読み上げチュータスズキクン을
　실행시켜 보세요.(http://www.gavo.t.u-tokyo.ac.jp/ojad/phrasing/index)

② OJAD 실행 결과를 보며 손으로 제스처를 취하면서 5번씩 소리 내어 발음해 보세요.

③ OJAD 실행 결과를 보며 원어민 음성을 들은 후 5번씩 따라서 소리 내어 발음해 보세요.

④ OJAD 실행 결과를 보지 않고 원어민 음성을 들으며 동시에 5번씩 소리 내어 발음해 보세요.

[문장체 문(1)] ◀))

小児の/手の届かない/所に/保管してください。//

어린이의 손이 닿지 않는 곳에 보관해 주세요.

① 위의 문장체 문에 Slash와 포즈 기호를 넣고 OJAD의 韻律読み上げチュータスズキクン을
　실행시켜 보세요.(http://www.gavo.t.u-tokyo.ac.jp/ojad/phrasing/index)

② OJAD 실행 결과를 보며 손으로 제스처를 취하면서 5번씩 소리 내어 발음해 보세요.

③ OJAD 실행 결과를 보며 원어민 음성을 들은 후 5번씩 따라서 소리 내어 발음해 보세요.

④ OJAD 실행 결과를 보지 않고 원어민 음성을 들으며 동시에 5번씩 소리 내어 발음해 보세요.

[문장체 문(2)] ◀))

○ 일본전래동화읽기 "우라시마 타로(浦島太郎)"(2)

　それを見た太郎は/「これこれ、//おまえ達。//生き物を/そんなにいじめてはいけない
よ。//かわいそうじゃないか。//早く/海に/帰してあげなさい。//カメにだって/家族がい
るんだからね。//」と言いました。//しかし、//子供達は/「嫌だよ。//僕達のカメだ。//こ
れから/おもしろい遊びをするんだから。//」と/太郎の言うことを/聞きません。//「それ
なら、//そのカメを/私に売ってくれないか。//お金をやるから/いいだろう？//」と言っ
て、//太郎は/お金を渡すと、//子供達は/喜んで/カメを離して、//走って行ってしまいま
した。//「カメさん、//もう大丈夫だよ。//安心しなさい。//ずいぶん痛かっただろうね。
//早く/海に帰るんだよ。//」と、//太郎は/カメを/逃がしてあげました。//

그것을 본 타로는 "야, 얘들아. 생물을 그렇게 괴롭히면 안 된단다. 불쌍하잖아. 빨리 바다로 돌려보내 줘라.
거북이도 가족이 있으니까 말이다"하고 말했습니다. 그러나 아이들은 "싫어요. 우리들 거북이야. 지금부터
재미있는 놀이 할 거니까"하고 타로가 하는 말을 듣지 않습니다. "그럼 그 거북이를 나한테 팔아라. 돈 줄
테니까 괜찮지?"하고 타로가 돈을 건네자 아이들은 기꺼이 거북이를 놓아주고 달려가 버렸습니다. "거북이
씨, 이젠 괜찮아요. 안심해요. 많이 아팠지요. 어서 바다로 돌아가요"하고 타로는 거북이를 풀어 주었습니다.

① 다음 문장체 문에 Slash와 포즈 기호를 넣고 OJAD의 韻律読み上げチュータスズキクン을

실행시켜 보세요.(http://www.gavo.t.u-tokyo.ac.jp/ojad/phrasing/index)

② OJAD 실행 결과를 보며 손으로 제스춰를 취하면서 5번씩 소리내어 발음해 보세요.

③ OJAD 실행 결과를 보며 원어민 음성을 들은 후 5번씩 따라서 소리내어 발음해 보세요.

④ OJAD 실행 결과를 보지 않고 원어민 음성을 들으며 동시에 5번씩 소리내어 발음해 보세요.

오사카
UNIVERSAL STUDIOS Japan 역
모습

제3과

일본어의 모음(母音)과 자음(子音)

학습내용

■ 일본어의 모음(母音)과 자음(子音)
■ 일본어 모음(母音)의 무성화(無声化)
■ 일본어 모음(母音)과 자음(子音), 모음(母音)의 무성화(無声化) 연습
■ Slash-reading과 OJAD를 이용한 문 인토네이션 연습(repeat와 shadowing)

(1) 모음(母音)

○ 단음(単音) : 음절 보다 작은 단위로 이 이상은 분할할 수 없는 음성학상의 최소단위. [ ]를 사용하여 발음기호로 나타냄.

예) [k], [o], [k], [o], [r], [o]

○ 단음(単音)의 종류

1) 발음 시 성대(声帯)진동의 유무 : 유성음(有声音)(유) / 무성음(無声音)(무)

2) 발음 시 조음기관의 협착(狭窄)이나 폐쇄(閉鎖) 등 방해과정의 동반유무 : 자음(子音)(유) / 모음(母音)(무)

○ 음소(音素) : 의미 분화에 관여하는 최소의 음 단위. 즉 학문적 가설에 의해 귀납되어 추상화된 음성으로 실제로 존재하지 않고 형식화된 기호로써의 음 단위. / /로 나타냄.

예) ハ행음 − 음소 / h / 단음 [h], [ç], [ɸ]

○ 모음(母音)

1) 정의 : 구강이나 인두에서 폐쇄나 협착이 이루어지지 않고 나오는 음.

2) 모음의 분류

　　− 혀의 위치(혀의 전후관계)

　　　① 전설모음 : 혀의 앞면이 경구개를 향해 들려짐.

　　　② 중설모음 : 혀의 중간면이 경구개의 뒷부분 또는 연구개의 앞부분을 향해서 들려짐.

　　　③ 후설모음 : 혀의 뒷면이 연구개를 향해서 들려짐.

　　− 입 벌림의 크기(혀의 고저)

　　　① 협모음(고모음) : 혀가 구개 쪽으로 가까이 향하고 공간을 조금밖에 남기고 있지 않은 모음.

　　　② 반협모음

　　　③ 반광모음

　　　④ 광모음(저모음) : 입을 크게 벌려 혀가 구개에서 가장 떨어진 위치에 있는 모음.

　　− 입술의 형태

　　　① 원순모음 : 원순성을 동반한 모음.

　　　② 비원순모음 : 원순성을 동반하지 않은 모음.

3) 기본모음(cardinal vowel)

개개의 모음을 조음점에 의해 규정하는 것이 곤란하기 때문에 기준이 되는 몇 개의 모음을 정해서 기술하는 방법을 모색하기 위해서 등장한 것. 영국의 음성학자 다니엘 존스(Daniel Jones)에 의해 8개의 기본모음이 설정됨.

[기본모음과 일본어 모음]

4) 일본어 모음의 음가

①「ア」: 비원순모음이며 개구도가 가장 큰 중설모음으로 음성기호로는 [a]로 나타냄.

②「イ」: 비원순모음이며 개구도가 가장 작은 전설모음으로 음성기호로는 [i]로 나타냄.

③「ウ」: 비원순모음이며 개구도가 작은 후설모음이지만 기본모음[u]와 비교하면 훨씬 전설적임. 음성기호로는 [ɯ]로 나타냄. ス, ツ의 경우는 그 정도가 더함.

④「エ」: 비원순모음이며 개구도가 [i]와 [a]의 중간 정도인 전설모음이고 음성기호로는 [e]로 나타냄.

⑤「オ」: 원순모음이며 중간 정도의 개구도를 가진 후설모음이고 음성기호로는 [o]로 나타냄.

5) 모음 음소

/ a / : [a], / i / : [i], / u / : [ɯ], / e / : [e], / o / : [o]

(2) 자음(子音)

1) 정의 : 조음기관의 여러 곳에서 폐쇄나 협착 등의 장애에 의해서 만들어지는 음.

2) 자음의 분류

- 조음위치(調音位置)(조음점(調音点))에 의한 분류
  ① 양순음(両脣音) : 상하입술에서 조음되는 음.
  ② 치(경)음(歯(茎)音) : 혀 끝과 위 앞니의 뒷부분 혹은 치경에서 조음되는 음.
  ③ 치경경구개음(歯茎硬口蓋音) : 혀의 앞부분과 치경에서 경구개에 이르는 부분에서 조음되는 음.
  ④ 경구개음(硬口蓋音) : 혀의 앞부분과 경구개에서 조음되는 음.
  ⑤ 연구개음(軟口蓋音) : 혀의 뒷부분과 연구개에서 조음되는 음.
  ⑥ 성문음(声門音) : 성문에서 조음되는 음.

- 조음방법(調音方法)에 의한 분류
  ① 파열음(破裂音) : 조음기관을 일시적으로 폐쇄한 뒤에 갑자기 열어 그 곳에 축적해 놓은 숨을 한꺼번에 방출해서 내는 음.반드시 폐쇄가 일어나므로 폐쇄음(閉鎖音)이라고도 함.
  ② 마찰음(摩擦音) : 조음기관을 좁혀 그 곳을 마찰하듯이 숨이 통과하면서 내는 음.
  ③ 파찰음(破擦音) : 조음기관을 폐쇄해서 담아 둔 숨을 갑자기 방출하는 것이 아니라 마찰음처럼 서서히 방출하면서 내는 음.
  ④ 탄음(弾音) : 혀끝 부분이 위의 치경에 가볍게 닿았다가 떨어지며 내는 유성음.
  ⑤ 비음(鼻音) : 숨이 비강(鼻腔)을 통과하며 그 곳에서 공명하도록 해서 내는 유성음.
  ⑥ 접근음(接近音) : 조음점과 혀가 접근해서 생긴 간격을 호기가 통과해 가는 음.

- 성대진동(声帯振動)의 유무에 따른 분류
  ① 유성음(有声音):조음할 때 성대가 진동하는 음.
  ② 무성음(無声音):조음할 때 성대가 진동하지 않는 음.

3) 자음 음소
  / k / : カ행음과 カ행요음의 자음[k]로 무성연구개파열음.
  / g / : ガ행음과 ガ행요음의 자음[g], [ŋ]로 유성연구개파열음.
  / s / : 「サ・ス・セ・ソ」의 자음[s]인 무성치경마찰음과「シ」의 자음[ʃ]인 무성치경경구개마찰음.
  / z / : 「ザ・ズ・ゼ・ゾ」의 자음[ʣ]인 유성치경파찰음과「ジ」의 자음[ʤ]인 유성치경경구개파찰음. 어두이외의 위치나 撥音 직후에 오지 않는「ザ・ズ・ゼ・ゾ」의 자음은 [z]

로유성치경마찰음으로,「ジ」의 자음은 [ʒ]로 유성치경경구개마찰음으로 발음됨.

/ t / :「タ・テ・ト」의 자음[t]인 무성치경파열음.

/ c / :「チ」와 タ행요음의 자음[ʧ]인 무성치경경구개파찰음과「ツ」의 자음[ts]인 무성치경파
　　 찰음.

/ d / :「ダ・デ・ド」의 자음[d]인 유성치경파열음.

/ n / :「ナ・ヌ・ネ・ノ」의 자음[n]인 유성치경비음과「ニ」와 ナ행요음의 자음[ɲ]인 유성치
　　 경경구개비음.

/ h / :「ハ・ヘ・ホ」의 자음[h]인 무성성문마찰음과「ヒ」의 자음[ç]인 무성경구개마찰음과
　　 「フ」의 자음[ɸ]인 무성양순마찰음.

/ b / : バ행음과 バ행요음의 자음[b]인 유성양순파열음.

/ p / : パ행음과 パ행요음의 자음[p]인 무성양순파열음.

/ m / : マ행음과 マ행요음의 자음[m]인 유성양순비음.

/ r / : ラ행음과 ラ행요음의 자음[ɾ]인 유성치경탄음.

(3) 반모음 음소

/ j / : ヤ행음의 자음[j]인 유성경구개접근음.

/ w / : ワ행음의 자음[w]인 유성양순/연구개접근음.

(4) 특수음소

/ N / : 발음(撥音)「ン」

　[m] : 양순비음　　　　　　 － [p b m]음의 앞

　[n] : 치경비음　　　　　　 － [t d ʣ ʤ n ɾ]음의 앞

　[ɲ] : 치경경구개비음　　　 － [ɲ]음의 앞

　[ŋ] : 연구개비음　　　　　 － [k g ŋ]음의 앞

　[N] : 구개수비음　　　　　 － 어말

　[Ṽ] : 비모음　　　　　　　 － [a i ɯ e o s ʃ z ʒ h ç ɸ j w]음의 앞

/ Q / : 촉음(促音)「ッ」

　[k] [p] [t] [s] [ʃ] / [b] [d] [g]

/ R / : 장음(長音)「－」

　[ː]　 예: [aː] [iː] [ɯː] [eː] [oː]

(5) 현대일본어의 자음

조음방법 \ 조음위치		양순음	치경음	치경 경구개음	경구개음	연구개음	성문음
파열음	무성음	p	t			k	ʔ
	유성음	b	d			g	
마찰음	무성음	ɸ	s	ʃ	ç		h
	유성음		z	ʒ			
파찰음	무성음		ts	ʧ			
	유성음		dz	ʤ			
탄음	유성음		ɾ				
비음	유성음	m	n	ɲ		ŋ	N
접근음	유성음	w			j	w	

2 일본어 모음(母音)의 무성화(無声化)

일본어에 있어서 단어나 구를 발음할 때 어떤 정해진 환경에서 유성음인 모음이 무성화되는 현상이 일어나는데 이것을 모음의 무성화라고 함. 이 현상은 다음과 같은 경우에 일어남. (밑줄 친 부분이 무성화 됨)

(1) 「イ」「ウ」가 무성자음[k, s, ʃ, ts, ʧ, ç, ɸ, p]에 둘러쌓인 위치에 서게되면 무성화 됨. 즉 이러한 무성자음 앞에 오는 キ、ク、シュ、ス、チ、チュ、ツ、ヒ、フ、ピ、プ의 모음에 무성화가 일어남.

예) キカイ(機械 기계), クサ(草 풀), シチ(七 일곱), ムスコ(息子 아들), チホー(地方 지방)

(2) 「イ」「ウ」뒤에 촉음이 올 경우도 무성화 됨.

예) キップ(切符 표), シッケ(湿気 습기), スッタ(吸った 피웠다), フッタ(降った 내렸다)

(3) 「イ」「ウ」가 무성자음과 결합해서 어말, 문말에 오고 높은 악센트가 오지 않을 때 무성화됨.

예) アキ(秋 가을) ●○, カク(書く 쓰다) ●○, ーデス(-입니다) ●○, ーマス(-ㅂ/습니다) ●○

(4) 광모음[ア][オ]도 무성화 될 때가 있음. 무성화 부분은 악센트가 낮음.

예) ハカ(墓 무덤) ○●, ココロ(心 마음) ○●○, ホコリ(埃 먼지) ○●●

(5) 예외

키쿠치상(菊池さん)의 경우, 키쿠치가 무성음화 되어 잘 안 들리게 되는데 이럴 땐 일부의 무성음화를 생략해서 발음함.

예) キクチサン   →   キクチサン (菊池さん 기쿠치상)

     フクシキコキュー   →   フクシキコキュー(腹式呼吸 복식호흡)

위와 같은 환경에서 무성화된 모음은 한국인에게 그 음이 잘 들리지 않게 되거나 또는 앞 음에 받침과 같이 붙여서 인식하게 됨. 예를 들면 다음과 같음.

예) キカイ(機械 기계)   키카이 → 카이

     ガクセイ(学生 학생)   가쿠세에 → 각세에

한국인에게는 이 부분이 가장 큰 문제가 되기 때문에 몇 번이고 반복하여 듣고 구별하여 발음할 필요가 있음.

3   **일본어 모음(母音)과 자음(子音), 모음(母音)의 무성화(無声化) 연습**

(1) 다음 원어민의 음성을 듣고 자음부분의 조음위치와 성대진동의 유무/조음방법을 써 넣으세요.

1) 🔊 「カ」   조음위치 :   조음방법 :

2) 🔊 「ス」   조음위치 :   조음방법 :

3) 🔊 「テ」   조음위치 :   조음방법 :

4) 🔊 「ノ」   조음위치 :   조음방법 :

5) 🔊 「ハ」   조음위치 :   조음방법 :

6) 🔊 「フ」   조음위치 :   조음방법 :

7) 🔊 「マ」   조음위치 :   조음방법 :

8) 🔊 「ヤ」   조음위치 :   조음방법 :

9) 🔊 「ル」   조음위치 :   조음방법 :

10) 🔊 「ワ」   조음위치 :   조음방법 :

(2) 다음 원어민의 음성을 듣고 자음부분의 조음위치와 성대진동의 유무/조음방법을 써 넣으세요.

1) ◀》 「シ」　　조음위치 :　　　　　　　　　조음방법 :

2) ◀》 「ジ」　　조음위치 :　　　　　　　　　조음방법 :

3) ◀》 「チ」　　조음위치 :　　　　　　　　　조음방법 :

4) ◀》 「ツ」　　조음위치 :　　　　　　　　　조음방법 :

5) ◀》 「ヒ」　　조음위치 :　　　　　　　　　조음방법 :

6) ◀》 「ニ」　　조음위치 :　　　　　　　　　조음방법 :

7) ◀》 「ユ」　　조음위치 :　　　　　　　　　조음방법 :

8) ◀》 「ハ」　　조음위치 :　　　　　　　　　조음방법 :

9) ◀》 「ズ」　　조음위치 :　　　　　　　　　조음방법 :

10) ◀》 「ザ」　　조음위치 :　　　　　　　　　조음방법 :

(3) 다음 원어민의 음성을 듣고 밑줄 친 부분의 조음위치를 써 넣으세요.

1) ◀》 ほ<u>ん</u>もの　本物　진짜

2) ◀》 し<u>ん</u>たい　身体　신체

3) ◀》 し<u>ん</u>にん　信任　신임

4) ◀》 し<u>ん</u>こう　信仰　신앙

5) ◀》 ほ<u>ん</u>　本　책

(4) 다음 원어민의 음성과 일치하는 예를 고르시오.

1) ◀》 ① キク(菊 국화)　　　　　　　② ク(区 구)

2) ◀》 ① ツチ(土 흙)　　　　　　　　② チ(血 피)

3) ◀》 ① カカシ(案山子 허수아비)　　② カシ(歌詞 가사)

4) ◀》 ① フッカツ(復活 부활)　　　　② カツ(勝つ 이기다)

5) ◀》 ① オアシ(お足 돈, 금전)　　　② ワシ(鷲 독수리)

(5) 원어민의 음성을 듣고 5번씩 따라서 발음해 보세요.

1) ◀》 起きて聞け。//北の汽笛が/聞こえるかを。//
　　　일어나 들어라. 북쪽의 기적이 들리는지를.

2) ◀)) 役者の口調は/工夫しても/癖が出ます。//
　　연극인의 어조는 노력해도 버릇이 나옵니다.

3) ◀)) スタートから/スピードを出すスポーツは/疲れます。//
　　스타트부터 스피드를 내는 스포츠는 피곤합니다.

4) ◀)) 飛行機と飛脚を/比較する必要は/ないです。//
　　비행기와 파발꾼을 비교할 필요는 없습니다.

5) ◀)) ふたりには/不公平です。//
　　둘에게는 불공평합니다.

4 Slash-reading과 OJAD를 이용한 문 인토네이션 연습(repeat와 shadowing)

[회화체 문(1)] ◀))

○존재표현

　여 : 机の上に/何がありますか。//
　　　책상 위에 무엇이 있습니까?

　남 : 本と/ノートがあります。//
　　　책과 노트가 있습니다.

① 위의 회화체 문에 Slash와 포즈 기호를 넣고 OJAD의 韻律読み上げチュータスズキクン을
　실행시켜 보세요.(http://www.gavo.t.u-tokyo.ac.jp/ojad/phrasing/index)

② OJAD 실행 결과를 보며 손으로 제스춰를 취하면서 5번씩 소리 내어 발음해 보세요.

③ OJAD 실행 결과를 보며 원어민 음성을 들은 후 5번씩 따라서 소리 내어 발음해 보세요.

④ OJAD 실행 결과를 보지 않고 원어민 음성을 들으며 동시에 5번씩 소리내어 발음해 보세요.

[회화체 문(2)] ◀))

○일의 의뢰를 거절할 때

　あいにくですが、//今回は/お引き受けできかねます。//
　공교롭지만 이번 일은 맡을 수 없습니다.

① 위의 회화체 문에 Slash와 포즈 기호를 넣고 OJAD의 韻律読み上げチュータスズキクン을
　실행시켜 보세요.(http://www.gavo.t.u-tokyo.ac.jp/ojad/phrasing/index)

② OJAD 실행 결과를 보며 손으로 제스춰를 취하면서 5번씩 소리 내어 발음해 보세요.

③ OJAD 실행 결과를 보며 원어민 음성을 들은 후 5번씩 따라서 소리 내어 발음해 보세요.

④ OJAD 실행 결과를 보지 않고 원어민 음성을 들으며 동시에 5번씩 소리 내어 발음해 보세요.

[문장체 문(1)] 🔊

ご自由に/お持ち帰りください。//

자유롭게 가지고 가십시오.

① 위의 문장체 문에 Slash와 포즈 기호를 넣고 OJAD의 韻律読み上げチュータスズキクン을
   실행시켜 보세요.(http://www.gavo.t.u-tokyo.ac.jp/ojad/phrasing/index)

② OJAD 실행 결과를 보며 손으로 제스춰를 취하면서 5번씩 소리 내어 발음해 보세요.

③ OJAD 실행 결과를 보며 원어민 음성을 들은 후 5번씩 따라서 소리 내어 발음해 보세요.

④ OJAD 실행 결과를 보지 않고 원어민 음성을 들으며 동시에 5번씩 소리 내어 발음해 보세요.

[문장체 문(2)] 🔊

○ 일본전래동화읽기 "우라시마 타로(浦島太郎)"(3)

それから/しばらく経った/ある日、//太郎が/海辺で/つりをしていると、//一匹のカメが/そばまで/泳いで/やって来ました。//そして、//カメは/太郎に言いました。//「浦島太郎さん、//この前は/本当にありがとうございました。//おかげで/助かりました。//あなたに/お礼がしたくて/竜宮から来たんです。//是非、//あなたを/私達の竜宮に/連れて行きたいんです。//」太郎は/びっくりして、//「えっ、//竜宮だって？//竜宮に/連れて行ってくれるって？//そんな/夢のようなことが/出来るの？//」すると、//カメは/「さあ、//どうぞ。//私の背中に/乗ってください。//出発ですよ。//」と/言うと、//すいすいと泳ぎ始めました。//

그리고 한참 지난 어느 날, 타로가 바닷가에서 낚시를 하고 있는데 한 마리의 거북이가 곁에 헤엄쳐 왔습니다. 그리고 거북이가 타로에게 말했습니다. "우라시마타로씨, 일전에는 정말 고마웠습니다. 덕분에 살았습니다. 당신에게 은혜를 갚고 싶어서 용궁에서 온 것입니다. 꼭 당신을 저희들 용궁에 데려가고 싶습니다." 타로는 깜짝 놀라서 "뭐라고요. 용궁이요? 용궁으로 데려가 준다고요? 그런 꿈과 같은 것이 가능하다구요?" 그러자, 거북이는 "자, 어서요. 제 등에 타세요. 출발합니다."라고 하자, 쓱쓱 헤엄치기 시작했습니다.

① 다음 문장체 문에 Slash와 포즈 기호를 넣고 OJAD의 韻律読み上げチュータスズキクン을
   실행시켜 보세요.(http://www.gavo.t.u-tokyo.ac.jp/ojad/phrasing/index)

② OJAD 실행 결과를 보며 손으로 제스춰를 취하면서 5번씩 소리내어 발음해 보세요.

③ OJAD 실행 결과를 보며 원어민 음성을 들은 후 5번씩 따라서 소리내어 발음해 보세요.

④ OJAD 실행 결과를 보지 않고 원어민 음성을 들으며 동시에 5번씩 소리내어 발음해 보세요.

일본어의 직음(直音)과 요음(拗音)

학습내용

- 일본어의 박(拍)과 음절(音節)
- 일본어의 직음(直音)과 요음(拗音)
- 일본어의 직음(直音)과 요음(拗音)을 이용한 박(拍)과 음절(音節) 연습
- Slash-reading과 OJAD를 이용한 문 인토네이션 연습(repeat와 shadowing)

1 일본어의 박(拍)과 음절(音節)

(1) 박(拍)과 음절(音節)

○ 박(拍) : 음의 길이를 나타내는 시간의 단위로 일본어의 촉음(促音), 발음(撥音), 장음(長音)으로 인해 하나의 음절이 일반적인 한 음절보다 길게 느껴지기 때문에 도입된 개념임.

　예) サ/ク/ラ(桜 3박), イ/ッ/サ/イ(一切 4박), カ/ン/コ/ク(韓国 4박),
　　　ト/ー/キョ/ー(東京 4박)

○ 음절(音節) : 언어를 발음할 때의 최소단위로 그 전후에 음의 단락이 올 수 있으며 그 내부에는 음의 단락이 느껴지지 않고 한 단위로 들리는 음의 연속

　예) サ/ク/ラ(桜 3음절), イッ/サ/イ(一切 3음절), カン/コ/ク(韓国 3음절),
　　　トー/キョー(東京 2음절)

(2) 박(拍)의 특징

○ 히라가나 하나의 길이가 한 박임.

○ 촉음(促音 っ), 발음(撥音 ん), 장음(長音 ー)도 한 박의 길이로 발음함.

　예) いったい(一体 도대체 4박), ほんだな(本棚 책장 4박), コーヒー(coffee 커피 4박)

○ 요음(拗音)은 히라가나 두 개가 한 박임.

　예) きゃく(客 손님 2박), いしゃ(医者 의사 2박)

○ 박은 모두 대개 같은 길이임.

2 일본어의 직음(直音)과 요음(拗音)

(1) 직음(直音)

요음에 대립되는 개념. 일본어로 가나 한 자로 표기되는 음절을 말함.
예) い[i], か[ka], だ[da], な[na] 등

(2) 요음(拗音)

일본어 음운의 일종으로 직음에 대칭되는 명칭. 1음절을 표기하는데 가나 2자를 가지고 나타
낸 것. イ段(き, し, ち, に, ひ, み, り)에 「や・ゆ・よ」를 작게 붙여서 나타냄.

예) しゃ・しゅ・しょ, ちゃ・ちゅ・ちょ, にゃ・にゅ・にょ, じゃ・じゅ・じょ,
ぢゃ・ぢゅ・ぢょ 등

3 일본어의 직음(直音)과 요음(拗音)을 이용한 박(拍)과 음절(音節) 연습

(1) 다음 예를 원어민의 음성을 듣고 몇 박 몇 음절인지 맞춰 보세요.

1) 🔊 じゆう 自由 자유

2) 🔊 しやく 試薬 시약

3) 🔊 しゃく 癪 울화

4) 🔊 じゅう 銃 총

5) 🔊 ともだち 友達 친구

(2) 다음 예는 몇 박 몇 음절인지 맞춰 보세요.

1) 🔊 びようし 美容師 미용사

2) 🔊 びょうし 病死 병사

3) 🔊 しゃぶしゃぶ 샤브샤브

4) 🔊 ジャム jam 잼

5) 🔊 キャリア career 경력

(3) 원어민의 음성과 일치하는 예를 고르시오.

1) 🔊 ① びょういん(病院 병원) ② びよういん(美容院 미장원)

2) 🔊 ① じゆう(自由 자유) ② じゅう(銃 총)

3) 🔊 ① りゆう(理由 이유) ② りゅう(龍 용)

4) 🔊 ① おもちゃ(장난감) ② おもちや(お餅や 떡집)

5) 🔊 ① ひゃく(百 백) ② ひやく(飛躍 비약)

(4) 원어민의 음성과 일치하는 예를 고르시오.

1) 🔊 ① きょう(今日 오늘)　　　　　② きよう(器用 재주가 있음)

2) 🔊 ① しゃく(癪 울화)　　　　　② しやく(試薬 시약)

3) 🔊 ① きやく(規約 규약)　　　　　② きゃく(客 손님)

4) 🔊 ① きよこ(清子 기요코(인명))　　② きょうこ(京子 교코(인명))

5) 🔊 ① ひよう(費用 비용)　　　　　② ひょう(表 표)

(5) 원어민의 음성을 듣고 박에 주의하면서 따라서 발음해 보세요.

1) 🔊 清子(きよこ)と京子(きょうこ)がいる。
　　　기요코와 교코가 있다.

2) 🔊 あの国(くに)は自由(じゆう)に銃(じゅう)が持てる。
　　　그 나라는 자유롭게 총을 소지할 수 있다.

3) 🔊 費用(ひよう)を表(ひょう)に書いた。
　　　비용을 표에 썼다.

4) 🔊 しゃくにさわる試薬(しやく)だ。
　　　화가 나는 시약이다.

5) 🔊 お餅(もち)やにはおもちゃがない。
　　　떡집에는 장난감이 없다.

(6) 원어민의 음성을 듣고 박에 주의하면서 따라서 발음해 보세요.

1) 🔊 弟は病院(びょういん)へ、妹は美容院(びよういん)へ行った。
　　　남동생은 병원에, 여동생은 미장원에 갔다.

2) 🔊 父はコーヒーとアイスクリームを頼んだ。
　　　아버지는 커피와 아이스크림을 시켰다.

3) 🔊 今日(きょう)は器用(きよう)な君(きみ)に任(まか)せる。
　　　오늘은 손재주가 있는 너에게 맡긴다.

4) 🔊 この絵(え)に龍(りゅう)がある理由(りゆう)は何(なん)ですか。
　　　이 그림에 용이 있는 이유는 무엇입니까?

5) 🔊 これは客(きゃく)に対(たい)する規約(きやく)だ。
　　　이것은 손님에 대한 규약이다.

[회화체 문(1)] 🔊

○ 위치 및 장소 표현

A : すみません。//この近くに銀行はありますか。//
실례지만 이 근처에 은행이 있습니까?

B : 銀行ですか。//あの郵便局の後ろにあります。//
은행 말이에요, 저 우체국 뒤에 있습니다.

A : あ、//ありがとうございました。//
아, 고맙습니다.

① 위의 회화체 문에 Slash와 포즈 기호를 넣고 OJAD의 韻律読み上げチュータスズキクン을 실행시켜 보세요.(http://www.gavo.t.u-tokyo.ac.jp/ojad/phrasing/index)

② OJAD 실행 결과를 보며 손으로 제스춰를 취하면서 5번씩 소리 내어 발음해 보세요.

③ OJAD 실행 결과를 보며 원어민 음성을 들은 후 5번씩 따라서 소리 내어 발음해 보세요.

④ OJAD 실행 결과를 보지 않고 원어민 음성을 들으며 동시에 5번씩 소리내어 발음해 보세요.

[회화체 문(2)] 🔊

○ 기획서를 만들어 달라고 할 때의 표현

お手数ですが、//企画書の作成を/是非/お願いいたします。//
힘드시겠지만 기획서 작성 꼭 부탁 드립니다.

① 위의 회화체 문에 Slash와 포즈 기호를 넣고 OJAD의 韻律読み上げチュータスズキクン을 실행시켜 보세요.(http://www.gavo.t.u-tokyo.ac.jp/ojad/phrasing/index)

② OJAD 실행 결과를 보며 손으로 제스춰를 취하면서 5번씩 소리 내어 발음해 보세요.

③ OJAD 실행 결과를 보며 원어민 음성을 들은 후 5번씩 따라서 소리 내어 발음해 보세요.

④ OJAD 실행 결과를 보지 않고 원어민 음성을 들으며 동시에 5번씩 소리 내어 발음해 보세요.

[문장체 문(1)] 🔊

切り取らないで/銀行にお出しください。//
잘라 내지 말고 은행에 내 주십시오.

① 위의 문장체 문에 Slash와 포즈 기호를 넣고 OJAD의 韻律読み上げチュータスズキクン을 실행시켜 보세요.(http://www.gavo.t.u-tokyo.ac.jp/ojad/phrasing/index)

② OJAD 실행 결과를 보며 손으로 제스춰를 취하면서 5번씩 소리 내어 발음해 보세요.

③ OJAD 실행 결과를 보며 원어민 음성을 들은 후 5번씩 따라서 소리 내어 발음해 보세요.

④ OJAD 실행 결과를 보지 않고 원어민 음성을 들으며 동시에 5번씩 소리 내어 발음해 보세요.

[문장체 문(2)] 🔊

○ 일본전래동화읽기 "우라시마 타로(浦島太郎)"(4)

そして、//太郎が気付いた時には、//そこは/もう/海の中でした。「あ、//何とも言えない\いい気持ちだな。//わあ、//さんごもいる。//あっ、//こんぶの森もある。//すごい！//魚の大群もいる。//うわっ！」と、//太郎は/口をポッカリ開けて、//海の中の世界を/見ていました。//そうして、//少しずつ/進んでいくと、//キラキラ光る/お屋敷の屋根が/見えてきました。//

그리고, 타로가 정신이 들었을 때 그 곳은 이미 바닷속이었습니다. "아, 뭐라고 형언할 수 없는 좋은 기분이네. 와, 산호도 있네. 아, 다시마 숲도 있네. 대단한데, 물고기 떼도 있네. 와"하고 타로는 입을 떡 벌리고 바닷속 세계를 보고 있었습니다. 그리고 조금씩 나아가자 번쩍번쩍 빛나는 저택 지붕이 보였습니다.

① 다음 문장체 문에 Slash와 포즈 기호를 넣고 OJAD의 韻律読み上げチュータスズキクン을 실행시켜 보세요.(http://www.gavo.t.u-tokyo.ac.jp/ojad/phrasing/index)

② OJAD 실행 결과를 보며 손으로 제스춰를 취하면서 5번씩 소리내어 발음해 보세요.

③ OJAD 실행 결과를 보며 원어민 음성을 들은 후 5번씩 따라서 소리내어 발음해 보세요.

④ OJAD 실행 결과를 보지 않고 원어민 음성을 들으며 동시에 5번씩 소리내어 발음해 보세요.

제5과

일본어의 리듬 I
– 장음(長音)과 연모음(連母音) –

학습내용

- 일본어의 리듬
- 일본어의 장음(長音)
- 일본어의 연모음(連母音)
- 일본어 장음(長音), 연모음(連母音)과 관련된 리듬 연습
- Slash-reading과 OJAD를 이용한 문 인토네이션 연습(repeat와 shadowing)

1 일본어의 리듬

○ 일본어의 리듬단위에는 짧은 단위(・)와 긴 단위(—)가 있음.

○ 짧은 단위는 1박, 긴 단위는 2박 길이임.

○ 장음, 발음(撥音), 촉음, 모음연속(ai, oi 등의 연모음)이 있으면 긴 단위가 됨.

　예) カード(card)，　かんじ(漢字)，　もっと，　よいしょ
　　　 —　・ 　　　—　・　　　—　・　　　—　・

○ 짧은 단위(・)가 두 개 늘어서면 ‿를 하나의 그룹과 같이 발음함.

○ 일본어의 리듬은 ・, —, ‿ 의 조합임.

○「です」「ます」도 하나의 그룹과 같이 ‿ 로 발음함.

○ 박과 리듬의 관계

　　　　　　お　は　よ　う　ご　ざ　い　ま　す
　리듬　　‿　　　—　　・　　—　　　‿
　　박　　・　・　・　・　・　・　・　・　・

○ 리듬 단위 정리법

　— 우선순위 1 : 긴 단위(장음・촉음・발음・연모음이 있는 것)는 하나로 모아짐.

　— 우선순위 2 :「です」「ます」는 하나로 모아짐.

　— 우선순위 3 : 앞에서 차례대로 2박씩 모아짐. 한 박 남는 것은 짧은 단위임.

2 일본어의 장음(長音)

○ 일본어 장음은 "引く音" 이라고 하며 직전에 오는 모음[a i ɯ e o]을 입모양을 변화시키지 않고 한 박자분 늘리는 음을 말함.

○ 표기는 단에 다라 다르며 음소표기로 /R/을, 단음은 [:] 로 나타냄.

○ あ단 음절의 장음표기는 あ단음 뒤에 あ를 덧붙여서, い단 음절의 장음표기는 い단음 뒤에 い를 덧붙여서, う단 음절의 장음표기는 う단음 뒤에 う를 덧붙여서, え단 음절의 장음표기는 え단음 뒤에 え나 い를 덧붙여서, お단 음절의 장음표기는 お단음 뒤에 お나 う를 덧붙여서 나타냄.

가타카나로 표기할 때는 모두 —로 표기함.

예) おかあさん[oka:saN] 어머니, おじいさん[odʒi:saN] 할아버지, くうき[ku:ki] 공기

おねえさん[one:saN] 누나, えいご[e:go] 영어, おおい[o:i] 많다, こうい[ko:i] 호의

○ 장음이 있으면 긴 단위(一)가 됨.

예) ゆき(雪 눈) ゆうき(勇気 용기)

---

3 일본어의 연모음(連母音)

○ 연모음(連母音)은 だいがく[daigakɯ]대학, こいびと[koibito]애인의 ai, oi 등의 모음연속임.

○ 연모음이 있으면 긴 단위(一)가 됨.

예) かいが[kaiga] 絵画 회화, おい [oi] 甥 조카

○ 긴 단위의 장음 또는 연모음과, 발음(撥音)의 조합으로 3박이 한 그룹이 됨.

예) たべたいんです
　　◡ ◡ ー ◡ ◡

---

4 일본어 장음(長音), 연모음(連母音)과 관련된 리듬 연습

(1) 다음 일본어의 짧은단위(·)와 긴 단위(一)의 리듬단위를 알아봅시다. 짧은 단위는 숫자 1로, 긴 단위는 숫자 2로, 짧은 단위 두개가 하나의 그룹이 되는 것은 숫자 3으로 표시하세요

1) ◀)) りょこう(旅行) 여행

2) ◀)) えいご(英語) 영어

3) ◀)) かど(角) 모퉁이

4) ◀)) にちようび(日曜日) 일요일

5) ◀)) ゆうびんきょく(郵便局) 우체국

6) ◀)) ギター 기타

7) ◀)) コーヒー 커피

8) ◀)) サッカー 축구

9) ◀)) だいたい　대개

10) ◀)) 見たいんです　보고싶습니다

(2) 원어민의 음성을 듣고 제시한 단어와 일치하는 예를 골라보세요.

1) ◀)) ① とげ(刺 가시)　　　② とうげ(峠 언덕)

2) ◀)) ① しゅかん(主観 주관)　② しゅうかん(習慣 습관)

3) ◀)) ① ふみ(文 편지)　　　② ふうみ(風味 풍미)

4) ◀)) ① とき(鴇 따오기)　　② とうき(陶器 도자기)

5) ◀)) ① こじ(孤児 고아)　　② こうじ(工事 공사)

6) ◀)) ① こし(腰 허리)　　　② こうし(格子 격자)

7) ◀)) ① こい(恋 사랑)　　　② こうい(好意 호의)

8) ◀)) ① きょだい(巨大 거대)　② きょうだい(強大 강대)

9) ◀)) ① とる(取る 취하다)　　② とおる(通る 통하다)

10) ◀)) ① かど(角 모퉁이)　　② カード(card 카드)

(3) 다음 원어민 음성을 듣고 일본어의 짧은단위(・)와 긴 단위(一)의 리듬단위를 표시해 봅시다. 표시할 때, 짧은 단위는 숫자 1로, 긴 단위는 숫자 2로, 짧은 단위 두개가 하나의 그룹이 되는 것은 숫자 3으로 표시하세요.

1) ◀)) おめでとうございます　축하합니다

2) ◀)) しつれいします　실례합니다

3) ◀)) ごめんなさい　죄송합니다

4) ◀)) すみません　미안합니다

5) ◀)) ごちそうさまでした　잘 먹었습니다

6) ◀)) どうですか　어떻습니까?

7) ◀)) いいですね　좋네요

8) ◀)) よろしいですか　괜찮습니까?

9) ◀)) たいへんですね　큰일이군요

10) ◀)) わかって/います　알고 있습니다

(4) 다음 원어민 음성을 듣고 일본어의 짧은단위(·)와 긴 단위(─)의 리듬단위를 표시해 봅시다. 표시
할 때, 짧은 단위는 숫자 1로, 긴 단위는 숫자 2로, 짧은 단위 두개가 하나의 그룹이 되는 것은 숫자
3으로 표시하세요.

　　1) 🔊　こんにちは　　안녕하세요

　　2) 🔊　おつかれさまです　　수고하셨습니다

　　3) 🔊　かんこくじんです　　한국인입니다

　　4) 🔊　おいくらですか　　얼마입니까?

　　5) 🔊　がくせいです　　학생입니다

5　**Slash-reading과 OJAD를 이용한 문 인토네이션 연습(repeat와 shadowing)**

[회화체 문(1)] 🔊

◦ 월일 표현

　여 : 田中さんのお誕生日は/いつですか。//
　　　다나까씨의 생일은 언제입니까?

　남 : 四月二十日です。//
　　　4월20일입니다.

① 위의 회화체 문에 Slash와 포즈 기호를 넣고 OJAD의 韻律読み上げチュータスズキクン을
　실행시켜 보세요.(http://www.gavo.t.u-tokyo.ac.jp/ojad/phrasing/index)

② OJAD 실행 결과를 보며 손으로 제스춰를 취하면서 5번씩 소리 내어 발음해 보세요.

③ OJAD 실행 결과를 보며 원어민 음성을 들은 후 5번씩 따라서 소리 내어 발음해 보세요.

④ OJAD 실행 결과를 보지 않고 원어민 음성을 들으며 동시에 5번씩 소리내어 발음해 보세요.

[회화체 문(2)] 🔊

◦ 오해를 풀 때

　このような経緯でしたので、//ご納得/いただけましたでしょうか。//
　이러한 경위였사오니 납득이 되셨는지요.

① 위의 회화체 문에 Slash와 포즈 기호를 넣고 OJAD의 韻律読み上げチュータスズキクン을

실행시켜 보세요.(http://www.gavo.t.u-tokyo.ac.jp/ojad/phrasing/index)

② OJAD 실행 결과를 보며 손으로 제스춰를 취하면서 5번씩 소리 내어 발음해 보세요.

③ OJAD 실행 결과를 보며 원어민 음성을 들은 후 5번씩 따라서 소리 내어 발음해 보세요.

④ OJAD 실행 결과를 보지 않고 원어민 음성을 들으며 동시에 5번씩 소리 내어 발음해 보세요.

[문장체 문(1)] 🔊

韓国の食材や/雑貨類も/店内で/販売しています。//
한국의 식자재나 잡화류도 매장 내에서 판매하고 있습니다.

① 위의 문장체 문에 Slash와 포즈 기호를 넣고 OJAD의 韻律読み上げチュータスズキクン을
  실행시켜 보세요.(http://www.gavo.t.u-tokyo.ac.jp/ojad/phrasing/index)

② OJAD 실행 결과를 보며 손으로 제스춰를 취하면서 5번씩 소리 내어 발음해 보세요.

③ OJAD 실행 결과를 보며 원어민 음성을 들은 후 5번씩 따라서 소리 내어 발음해 보세요.

④ OJAD 실행 결과를 보지 않고 원어민 음성을 들으며 동시에 5번씩 소리 내어 발음해 보세요.

[문장체 문(2)] 🔊

○ 일본전래동화읽기 "우라시마 타로(浦島太郎)"(5)

「さあ、//竜宮に着きましたよ。//」と、//カメは/太郎を/背中から下ろしました。//する
と、//竜宮の門が/パット開いて、//中から/美しい乙姫という名前の/お姫様が/現れまし
た。//乙姫様は/たくさんの/色あざやかな魚達と一緒に/あいさつをしました。//そし
て、//とてもきれいな声で/「浦島太郎さま、//ようこそいらっしゃいました。//この間は/
カメが/いじめられて/危ないところを/助けていただき、//本当にありがとうございまし
た。」と/お礼を言いました。//

"자 용궁에 도착했습니다."하고 거북이는 타로를 등에서 내렸습니다. 그러자, 용궁 문이 확 열리고 안에서
예쁜 오토히메라고 하는 이름의 공주님이 나타났습니다. 오토히메는 많은 형형색색의 물고기들과 함께 인사
를 했습니다. 그리고 무척 예쁜 목소리로 "우라시마타로씨, 잘 오셨습니다. 일전에 거북이가 괴롭힘을 당해
위험했을 때 도와주셔서 정말 고마웠습니다."하고 감사의 표현을 했습니다.

① 다음 문장체 문에 Slash와 포즈 기호를 넣고 OJAD의 韻律読み上げチュータスズキクン을
  실행시켜 보세요.(http://www.gavo.t.u-tokyo.ac.jp/ojad/phrasing/index)

② OJAD 실행 결과를 보며 손으로 제스춰를 취하면서 5번씩 소리내어 발음해 보세요.

③ OJAD 실행 결과를 보며 원어민 음성을 들은 후 5번씩 따라서 소리내어 발음해 보세요.

④ OJAD 실행 결과를 보지 않고 원어민 음성을 들으며 동시에 5번씩 소리내어 발음해 보세요.

제6과

일본어의 리듬 II
- 촉음(促音) -

학습내용

■ 일본어의 촉음(促音)

■ 일본어 촉음(促音)과 관련된 리듬 연습

■ Slash-reading과 OJAD를 이용한 문 인토네이션 연습(repeat와 shadowing)

○ 일본어 촉음(促音)은 "つまる音"이라고 하며 「っ」와 같이 「つ」를 작게 표기함.

○ 음소표기로는 /Q/을, 단음은 앞의 자음을 반복해서 표기함.

○ 발음은 원칙적으로 무성자음[p, t, k, s, ʃ]앞에 나타나 뒤에 나오는 자음의 형태로 한 박자분 그 상태를 지속하는 것으로 명백한 음을 들을 수 없고 독립된 음성을 가지고 있지 않음.

○ 강조어형이나 외래어에 있어서는 유성자음 앞에서도 촉음이 나타남.

○ 촉음의 예

　① 후속하는 음이 [p], 즉 ぱ행음일 경우 촉음은 [p]음 상태로 한 박자분 지속함.
　　예) いっぱい[ippai] 한 잔

　② 후속하는 음이 [t], 즉 た행음일 경우 촉음은 [t]음 상태로 한 박자분 지속함.
　　예) いったい[ittai] 도대체

　③ 후속하는 음이 [k], 즉 か행음일 경우 촉음은 [k]음 상태로 한 박자분 지속함.
　　예) いっかい[ikkai] 한 번

　④ 후속하는 음이 [s][ʃ], 즉 さ행음일 경우 촉음은 [s][ʃ]음 상태로 한 박자분 지속함.
　　예) いっさい[issai] 일체,　ざっし[dzaʃʃi] 잡지

　⑤ 강조어형이나 외래어의 경우 유성자음 앞에서도 촉음이 나타남.
　　예) すっごい[süggoi] 대단하다,　ベッド[beddo] 침대

○ 같은 자음 사이에 모음이 없어지고 촉음이 되는 경우가 있음.
　예) あたたかい[atatakai] 따뜻하다 → あったかい[attakai] 따뜻하다

○ 촉음이 있으면 긴 단위가 됨.
　예) 来て‥　切って―・

(1) 다음 일본어를 원어민 음성에 따라 발음해 본 뒤 짧은 단위(·)와 긴 단위(—)의 리듬단위를 표시해
봅시다. 표시할 때, 짧은 단위는 숫자 1로, 긴 단위는 숫자 2로, 짧은 단위 두개가 하나의 그룹이
되는 것은 숫자 3으로 표시하세요.

1) ◀)) ちょっと 좀

2) ◀)) がっこう(学校) 학교

3) ◀)) そっくりだ 똑같다

4) ◀)) ロボット 로봇

5) ◀)) きっぷ(切符) 표

6) ◀)) あっか(悪化) 악화

7) ◀)) じっけん(実験) 실험

8) ◀)) いっさい(一切) 일체

9) ◀)) じっしゅうする(実習する) 실습하다

10) ◀)) ぼっしゅうする(没収する) 몰수하다

(2) 원어민의 음성을 듣고 제시한 단어와 일치하는 예를 같이 골라보세요.

1) ◀)) ① あか(赤 빨강) ② あっか(悪貨 악화)

2) ◀)) ① じかん(時間 시간) ② じっかん(実感 실감)

3) ◀)) ① はせい(派生 파생) ② はっせい(発生 발생)

4) ◀)) ① ぶし(武士 무사) ② ぶっし(物資 물자)

5) ◀)) ① げかん(下巻 하권) ② げっかん(月間 월간)

6) ◀)) ① おと(音 소리) ② おっと(夫 남편)

7) ◀)) ① かこ(過去 과거) ② かっこ(括弧 괄호)

8) ◀)) ① いけん(意見 의견) ② いっけん(一軒 한 채)

9) ◀)) ① にし(西 서쪽) ② にっし(日誌 일지)

10) ◀)) ① しゅちょう(主張 주장) ② しゅっちょう(出張 출장)

(3) 다음 원어민 음성을 듣고 짧은단위(·)와 긴 단위(一)의 리듬단위를 표시해 봅시다. 표시할 때, 짧은 단위는 숫자 1로, 긴 단위는 숫자 2로, 짧은 단위 두개가 하나의 그룹이 되는 것은 숫자 3으로 표시하세요.

1) 🔊 赤(あか)と / 悪貨(あっか)　빨강과 악화

2) 🔊 時間(じかん)と / 実感(じっかん)　시간과 실감

3) 🔊 派生(はせい)と / 発生(はっせい)　파생과 발생

4) 🔊 武士(ぶし)と / 物資(ぶっし)　무사와 물자

5) 🔊 下巻(げかん)と / 月間(げっかん)　하권과 월간

6) 🔊 音(おと)と / 夫(おっと)　소리와 남편

7) 🔊 過去(かこ)と / 括弧(かっこ)　과거와 괄호

8) 🔊 意見(いけん)と / 一軒(いっけん)　의견과 한 채

9) 🔊 西(にし)と / 日誌(にっし)　서쪽과 일지

10) 🔊 主張(しゅちょう)と / 出張(しゅっちょう)　주장과 출장

(4) 다음 원어민 음성을 듣고 녹음해 보고 짧은단위(·)와 긴 단위(一)의 리듬단위를 표시해봅시다. 표시할 때, 짧은 단위는 숫자 1로, 긴 단위는 숫자 2로, 짧은 단위 두개가 하나의 그룹이 되는 것은 숫자 3으로 표시하세요.

1) 🔊 外(そと)を/そっと/見た。바깥을 살짝 보았다.

2) 🔊 月間(げっかん)雑誌(ざっし)/には/下巻(げかん)も/ある。월간잡지에는 하권도 있다.

3) 🔊 時間(じかん)の/大切(たいせつ)さを/実感(じっかん)した。시간의 중요함을 실감했다.

4) 🔊 日誌(にっし)は/西側(にしがわ)に/おいた。일지를 서쪽에 놓았다.

5) 🔊 切手(きって)/もって/きて。우표 가지고 와라.

6) 🔊 作家(さっか)が/坂(さか)を/登(のぼ)って/いる。작가가 비탈길을 오르고 있다.

7) 🔊 夫(おっと)は/音(おと)を/たてながら/食べる。남편은 소리를 내면서 먹는다.

8) 🔊 出張(しゅっちょう)の/大切さを/主張(しゅちょう)した。출장의 중요함을 주장했다.

9) 🔊 破壊(はかい)された/ところは/八階(はっかい)です。파괴된 곳은 8층입니다.

10) 🔊 これは/バッターじゃなくて/バターです。이것은 타자가 아니라 버터입니다.

3   Slash−reading과 OJAD를 이용한 문 인토네이션 연습(repeat와 shadowing)

[회화체 문(1)] ◀))

○ イ형용사의 긍정표현

여 : どうなさいますか。//
　　어떻게 하시겠습니까?

남 : うしろが/ちょっと長いです。//短くしてください。//
　　뒤가 좀 깁니다. 짧게 해 주세요.

여 : はい、//分かりました。//
　　예 알겠습니다.

① 위의 회화체 문에 Slash와 포즈 기호를 넣고 OJAD의 韻律読み上げチュータスズキクン을
실행시켜 보세요.(http://www.gavo.t.u-tokyo.ac.jp/ojad/phrasing/index)

② OJAD 실행 결과를 보며 손으로 제스춰를 취하면서 5번씩 소리 내어 발음해 보세요.

③ OJAD 실행 결과를 보며 원어민 음성을 들은 후 5번씩 따라서 소리 내어 발음해 보세요.

④ OJAD 실행 결과를 보지 않고 원어민 음성을 들으며 동시에 5번씩 소리내어 발음해 보세요.

[회화체 문(2)] ◀))

○ 상대에게 공감을 표할 때

なるほど、//それは/なかなか/難しい案件ですね。//
그렇군요. 그건 꽤나 어려운 안건이군요.

① 위의 회화체 문에 Slash와 포즈 기호를 넣고 OJAD의 韻律読み上げチュータスズキクン을
실행시켜 보세요.(http://www.gavo.t.u-tokyo.ac.jp/ojad/phrasing/index)

② OJAD 실행 결과를 보며 손으로 제스춰를 취하면서 5번씩 소리 내어 발음해 보세요.

③ OJAD 실행 결과를 보며 원어민 음성을 들은 후 5번씩 따라서 소리 내어 발음해 보세요.

④ OJAD 실행 결과를 보지 않고 원어민 음성을 들으며 동시에 5번씩 소리 내어 발음해 보세요.

[문장체 문(1)] ◀))

賞味期限は/カバーに/表示してあります。//
상미기한은 커버에 표시되어 있습니다.

① 위의 문장체 문에 Slash와 포즈 기호를 넣고 OJAD의 韻律読み上げチュータスズキクン을 실행시켜 보세요.(http://www.gavo.t.u-tokyo.ac.jp/ojad/phrasing/index)

② OJAD 실행 결과를 보며 손으로 제스춰를 취하면서 5번씩 소리 내어 발음해 보세요.

③ OJAD 실행 결과를 보며 원어민 음성을 들은 후 5번씩 따라서 소리 내어 발음해 보세요.

④ OJAD 실행 결과를 보지 않고 원어민 음성을 들으며 동시에 5번씩 소리 내어 발음해 보세요.

[문장체 문(2)] ◀))

○ 일본전래동화읽기 "우라시마 타로(浦島太郎)"(6)

乙姫様は/太郎を/広々とした部屋に/案内しました。//そこには、//食べきれないくらいの/ごちそうが/山のようにありました。//「どうぞ/召し上がれ。//それから/歌や/踊りを/お見せしますので、//ごゆっくりどうぞ。」と/乙姫様は/言って、次から次へと/珍しい食べ物を/運んできました。//そして、//美しい曲に合わせて、//たいや/ひらめの魚達の/楽しい踊りが/始まりました。//

오토히메는 타로를 넓디 넓은 방으로 안내했습니다. 거기에는 다 먹을 수 없을 정도의 진수성찬이 산처럼 쌓여 있었습니다. "자 드세요. 그리고 노래나 춤을 보여드리겠사오니 천천히 즐기세요."하고 오토히메는 계속해서 진귀한 음식을 날라왔습니다. 그리고 아름다운 곡에 맞추어 도미나 넙치들의 즐거운 춤이 시작되었습니다.

① 다음 문장체 문에 Slash와 포즈 기호를 넣고 OJAD의 韻律読み上げチュータスズキクン을 실행시켜 보세요.(http://www.gavo.t.u-tokyo.ac.jp/ojad/phrasing/index)

② OJAD 실행 결과를 보며 손으로 제스춰를 취하면서 5번씩 소리내어 발음해 보세요.

③ OJAD 실행 결과를 보며 원어민 음성을 들은 후 5번씩 따라서 소리내어 발음해 보세요.

④ OJAD 실행 결과를 보지 않고 원어민 음성을 들으며 동시에 5번씩 소리내어 발음해 보세요.

교토 清水寺(きよみずでら)

제7과

일본어의 리듬 Ⅲ
- 발음(撥音) -

학습내용

- 일본어의 발음(撥音)
- 일본어 발음(撥音)과 관련된 리듬 연습
- Slash-reading과 OJAD를 이용한 문 인토네이션 연습(repeat와 shadowing)

○ 일본어의 발음(撥音)은 "はねる音"이라고 하며「ん」으로 표기하고 음소표기로 /N/을 사용함.

○「ん」표기가 확립된 것은 대략 平安朝末院政期(12세기)경으로 추정됨.

○ 발음은 원칙적으로 다음에 오는 자음과 조음점을 같이 하는 한 박 길이의 비음(鼻音)임.

○ 단 폐쇄가 일어나지 않는 음이 올 때는 비모음(鼻母音)으로 소리가 남.

○ 발음(撥音)의 예

① 후속하는 음이 [m] [b] [p], 즉 ま・ば・ぱ행일 경우 ん은 [m]으로 발음됨.
  예) しんまい[ʃimmai] 햅쌀, しんぼう[ʃimboː] 참음, しんぷ[ʃimpɯ] 신부

② 후속하는 음이 [t] [d] [ts] [tʃ] [dz] [dʒ] [n] [ɾ], 즉 た・だ・ざ・ら행과 に를 제외한 な행일 경우 ん은 [n]으로 발음됨.
  예) しんたい[ʃintai] 신체, しんどう[ʃindoː] 진동, じんつう[dʒintsɯː] 진통,
    じんち[dʒintʃi] 진지, けんざい[kendzai] 건재, かんじ[kandʒi] 한자,
    はんのう[hannoː] 반응, しんり[ʃinɾi] 심리

③ 후속하는 음이 [ɲ], 즉 に な행요음일 경우 ん은 [ɲ]으로 발음됨.
  예) しんにん[ʃiɲɲiN] 신임

④ 후속하는 음이 [k][ŋ], 즉 か・が행일 경우 ん은 [ŋ]로 발음됨.
  예) しんこう[ʃiŋkoː] 신앙, しんご[[ʃiŋŋo] 신어

⑤ 후속하는 음이 없을 때 ん은 [N]인 구개수음(口蓋垂音)으로 발음됨.
  예) ほん[hoN] 책

⑥ 후속하는 음이 모음 [a] [i] [ɯ] [e] [o], [j] [w], [s] [ʃ], [h] [ç] [ɸ] 즉 あ・や・わ・さ・は행일 경우 ん은 비모음[Ṽ]로 발음됨
  예) れんあい[reṼai] 연애, しんや[ʃiṼja] 심야, しんさ[ʃiṼsa] 심사,
    ぜんはん[dzeṼhaN] 전반

○ 발음(撥音)이 있으면 긴 단위가 됨.
  예) 家事(かじ)・・ 漢字(かんじ)ー・

일본어 발음(撥音)과 관련된 리듬 연습

(1) 다음 일본어를 원어민 음성에 따라 발음해 본 뒤 짧은단위(·)와 긴 단위(―)의 리듬단위를 표시해 봅시다. 표시할 때, 짧은 단위는 숫자 1로, 긴 단위는 숫자 2로, 짧은 단위 두개가 하나의 그룹이 되는 것은 숫자 3으로 표시하세요.

   1) ◀)) ほんもの　진짜

   2) ◀)) しんぞく(親族)　친족

   3) ◀)) しんにん(信任)　신임

   4) ◀)) しんがく(進学)　진학

   5) ◀)) しんくう(真空)　진공

   6) ◀)) かんおん(漢音)　한음

   7) ◀)) しんわ(神話)　신화

   8) ◀)) しんせつ(親切)　친절

   9) ◀)) こんばんは　안녕하세요(저녁인사)

   10) ◀)) けいさつかん(警察官)　경찰관

(2) 원어민의 음성을 듣고 제시한 단어와 일치하는 예를 같이 골라보세요.

   1) ◀)) ① かてい(仮定 가정)　　② かんてい(鑑定 감정)

   2) ◀)) ① しじん(詩人 시인)　　② しんじん(新人 신인)

   3) ◀)) ① かけい(家計 가계)　　② かんけい(関係 관계)

   4) ◀)) ① しんあい(親愛 친애)　　② しない(市内 시내)

   5) ◀)) ① じんいん(人員 인원)　　② じにん(辞任 사임)

   6) ◀)) ① きねん(記念 기념)　　② きんねん(近年 근년)

   7) ◀)) ① ぜんい(善意 선의)　　② ぜに(銭 돈)

   8) ◀)) ① こんなん(困難 곤란)　　② こんらん(混乱 혼란)

   9) ◀)) ① ふねん(不燃 불연)　　② ふんえん(噴煙 분연)

   10) ◀)) ① せんえん(千円 천엔)　　② せんねん(千年 천년)

(3) 다음 원어민 음성을 듣고 짧은단위(·)와 긴 단위(—)의 리듬단위를 표시해 봅시다. 표시할 때, 짧은 단위는 숫자 1로, 긴 단위는 숫자 2로, 짧은 단위 두개가 하나의 그룹이 되는 것은 숫자 3으로 표시하세요.

    1) 🔊 仮定(かてい)と / 鑑定(かんてい)　가정과 감정

    2) 🔊 詩人(しじん)と / 新人(しんじん)　시인과 신인

    3) 🔊 家計(かけい)と / 関係(かんけい)　가계와 관계

    4) 🔊 親愛(しんあい)と / 市内(しない)　친애와 시내

    5) 🔊 人員(じんいん)と / 辞任(じにん)　인원과 사임

    6) 🔊 記念(きねん)と / 近年(きんねん)　기념과 근년

    7) 🔊 善意(ぜんい)と / 銭(ぜに)　선의와 돈

    8) 🔊 困難(こんなん)と / 混乱(こんらん)　곤란과 혼란

    9) 🔊 不燃(ふねん)と / 噴煙(ふんえん)　불연과 분연

    10) 🔊 千円(せんえん)と / 千年(せんねん)　천엔과 천년

(4) 다음 원어민 음성을 듣고 녹음해 보고 짧은단위(·)와 긴 단위(—)의 리듬단위를 표시해 봅시다. 표시할 때, 짧은 단위는 숫자 1 로, 긴 단위는 숫자 2로, 짧은 단위 두개가 하나의 그룹이 되는 것은 숫자 3으로 표시하세요.

    1) 🔊 山林(さんりん)の/中には/三人(さんにん)が/いた。산림 속에는 세 명이 있었다.

    2) 🔊 兄(あに)の/安易(あんい)な/考え方だ。형의 안이한 생각이다.

    3) 🔊 近年(きんねん)は/禁煙(きんえん)している。근년에는 금연하고 있다.

    4) 🔊 混乱(こんらん)しては/困難(こんなん)です。혼란해서는 곤란합니다.

    5) 🔊 信頼(しんらい)は/心内(しんない)の/問題(もんだい)だ。신뢰는 마음 속 문제다.

3　Slash-reading과 OJAD를 이용한 문 인토네이션 연습(repeat와 shadowing)

[회화체 문(1)] 🔊

○イ형용사의 부정표현

  여 : 佐藤さんの妹さんは/背が/高いですか。//

    사토씨 여동생은 키가 큽니까?

남 : いいえ、//高くありません。//低いです。//
　　아니요, 크지 않습니다. 작습니다.

① 위의 회화체 문에 Slash와 포즈 기호를 넣고 OJAD의 韻律読み上げチュータスズキクン을
　　실행시켜 보세요.(http://www.gavo.t.u-tokyo.ac.jp/ojad/phrasing/index)
② OJAD 실행 결과를 보며 손으로 제스춰를 취하면서 5번씩 소리 내어 발음해 보세요.
③ OJAD 실행 결과를 보며 원어민 음성을 들은 후 5번씩 따라서 소리 내어 발음해 보세요.
④ OJAD 실행 결과를 보지 않고 원어민 음성을 들으며 동시에 5번씩 소리내어 발음해 보세요.

[회화체 문(2)] ◀))
○ 오해를 불러 일으켜 버렸을 때
　　言葉が足りず/申し訳ありませんでした。//再度/確認しておくべきでした。//
　　설명이 부족해서 죄송했습니다. 다시 확인해 두었어야 했습니다.

① 위의 회화체 문에 Slash와 포즈 기호를 넣고 OJAD의 韻律読み上げチュータスズキクン을
　　실행시켜 보세요.(http://www.gavo.t.u-tokyo.ac.jp/ojad/phrasing/index)
② OJAD 실행 결과를 보며 손으로 제스춰를 취하면서 5번씩 소리 내어 발음해 보세요.
③ OJAD 실행 결과를 보며 원어민 음성을 들은 후 5번씩 따라서 소리 내어 발음해 보세요.
④ OJAD 실행 결과를 보지 않고 원어민 음성을 들으며 동시에 5번씩 소리 내어 발음해 보세요.

[문장체 문(1)] ◀))
服用に際しては、//説明書を/よく/読んでください。//
복용할 때에는 설명서를 잘 읽어 주십시오.

① 위의 문장체 문에 Slash와 포즈 기호를 넣고 OJAD의 韻律読み上げチュータスズキクン을
　　실행시켜 보세요.(http://www.gavo.t.u-tokyo.ac.jp/ojad/phrasing/index)
② OJAD 실행 결과를 보며 손으로 제스춰를 취하면서 5번씩 소리 내어 발음해 보세요.
③ OJAD 실행 결과를 보며 원어민 음성을 들은 후 5번씩 따라서 소리 내어 발음해 보세요.
④ OJAD 실행 결과를 보지 않고 원어민 음성을 들으며 동시에 5번씩 소리 내어 발음해 보세요.

○ 일본전래동화읽기 "우라시마 타로(浦島太郎)"(7)

「あ～、//きれいだ。//あ～、//おいしい。//何だか✓夢をみているようだ。//何て/楽しいん
だろう。//」太郎は/言いました。//竜宮は/この世のものとは/思えないくらい、//すばら
しいところでした。//「竜宮は/いつも/こんな毎日です。//好きなだけ/楽しんでくださ
い。//いつまでも/いてくださいよ。//」と、/乙姫様は/太郎に言いました。//太郎は/乙姫
様や/魚達と/遊んだり、歌ったりして、//楽しく過ごしました。//そして、//竜宮での生
活が/あまりにも/楽しいので、//家に帰るのを/すっかり/忘れてしまいました。//

"아! 예쁘다. 아! 맛있다. 뭐랄까 꿈을 꾸고 있는 것 같다. 왜 이렇게 즐겁지."하고 타로는 말했습니다. 용궁은
이 세상 것이라고는 생각할 수 없을 정도로 대단한 곳이었습니다. "용궁은 언제나 매일 이래요. 마음껏 즐겨
주세요. 언제까지나 계셔 주세요."하고 오토히메가 타로에게 이야기했습니다. 타로는 오토히메나 물고기들
과 논다든지 노래한다든지 하면서 즐겁게 지냈습니다. 그리고, 용궁에서의 생활이 너무나도 즐거워서 집에
돌아가는 것을 깜빡 잊어 버렸습니다.

① 다음 문장체 문에 Slash와 포즈 기호를 넣고 OJAD의 韻律読み上げチュータスズキクン을
   실행시켜 보세요.(http://www.gavo.t.u-tokyo.ac.jp/ojad/phrasing/index)

② OJAD 실행 결과를 보며 손으로 제스춰를 취하면서 5번씩 소리내어 발음해 보세요.

③ OJAD 실행 결과를 보며 원어민 음성을 들은 후 5번씩 따라서 소리내어 발음해 보세요.

④ OJAD 실행 결과를 보지 않고 원어민 음성을 들으며 동시에 5번씩 소리내어 발음해 보세요.

교토 金閣寺(きんかくじ)

제8과

일본어 축약형과 문말인토네이션

학습내용

- 일본어 축약형
- 일본어 문말 인토네이션
- 일본어 축약형 연습
- 일본어 문말인토네이션 연습
- Slash-reading과 OJAD를 이용한 문 인토네이션 연습(repeat와 shadowing)

○ 일본어 회화에서는 축약형을 자주 사용함.

○ 축약형의 종류

1) ◀)) ～なきゃ、～(なく)ちゃ、～じゃ、～ちゃう、～じゃう

- ～なきゃ → ～なければ

예) 早く食べなきゃ。 → 早く食べなければ。

빨리 먹지 않으면.

- ～(なく)ちゃ → ～(なく)ては

예) そこまでしちゃいけないよ。 → そこまでしてはいけないよ。

거기까지 해서는 안 돼요.

やってみなくちゃ、分かりませんよ。 → やってみなくては、分かりませんよ。

해 보지 않고서는 몰라요.

- ～じゃ → ～では

예) 学生じゃありません。 → 学生ではありません。

학생이 아닙니다.

- ～ちゃう → ～てしまう

예) 安いなら買っちゃう。 →安いなら買ってしまう。

싸면 사 버려야지.

- ～じゃう → ～でしまう

예) どんどん読んじゃう。 → どんどん読んでしまう。

팍팍 읽어 버려야지.

2) ◀)) ～てる、～でる、～てく、～でく

- ～てる → ～ている

예) それ、知ってるよ。 →それ、知っているよ。

그건, 알고 있어.

- ～でる → ～でいる

예) いま飲んでるよ。 →いま飲んでいるよ。

지금 마시고 있다.

- ～てく → ～ていく

예) あそこ、寄ってく? →あそこ、寄っていく?

저기 들렀다 갈래.

－ ～でく → ～でいく

예) もう少し遊んでく。→ もう少し遊んでいく。

좀더 놀다 갈래.

3) 🔊 ～とく、～どく、～たげる、～だげる

－ ～とく → ～ておく

예) ここに置いとくね。→ ここに置いておくね。

여기에 놔 둘게.

－ ～どく → ～でおく

예) 明日までに読んどくよ。→ 明日までに読んでおくよ

내일까지 읽어 둘게.

－ ～たげる → ～てあげる

예) 代わりにやったげるよ。→ 代わりにやってあげるよ。

대신에 해 줄게.

－ ～だげる → ～であげる

예) 僕が読んだげるね。→ 僕が読んであげるね。

내가 읽어 줄게.

4) 🔊 ん → ら、り、る、れ

예) それは、知んなかった。→ それは、知らなかった。

그것은 몰랐다.

예) お金、足んなかった？→ お金、足りなかった？

돈, 부족하지 않았니?

예) 野村さんも来んの？→ 野村さんも来るの？

노무라상도 오니?

예) そこまでは食べらんないよ。→ そこまでは食べられないよ。

거기까지는 못 먹어요.

5) 🔊 ん → の

예) 僕も行くんです。→ 僕も行くのです。

나도 갑니다.

(1) 문말 종조사 「か」의 인토네이션

○ 질문 : 「か」를 짧게 올려서 발음함. ◀))

    − そうですか？ ↗ 그렇습니까?

○ 안타까움 : 점점 약하게 소리도 내림. ◀))

    − そうですか。 ↘ 그렇군요.

○ 이해함 : "알았습니다"라는 기분을 나타낼 때에는 짧게 내림. ◀))

    − そうですか。↘ 그렇군요.

○ 의심 : 일단 낮게 내렸다가 천천히 올림. ◀))

    − そうですか。 ↘↗ 그럴까요.

○ 놀람, 기쁨 : 놀람이나 기쁨을 나타내는 경우는 「そう」와 「か」의 고저의 폭으로 나타냄. 「そ」는 꽤 높고 밝게 발음함. ◀))

    − そうですか。↓ 그렇군요.

(2) 문말 종조사 「ね」의 인토네이션

○ 생각 중 : 생각하는 중이라는 의미를 나타낼 때는 「ね」를 평평하고 길게 늘림. 감동, 감탄을 나타낼 때에도 길게 늘여서 말하는 경우가 있음. ◀))

    − そうですね。 ⟶ 글쎄요.

○ 확인・동의 : 확인 또는 동의를 할 때는 「ね」를 올림. ◀))

    − そうですね。 ↗ 그렇지요.

(3) 문말 종조사 「よ」의 인토네이션

○ 상대에게 가르침 : 상대가 모르는 것을 가르쳐 준다든지 전달한다든지 할 때, 「よ」를 올려서 발음함. 또는 누군가로부터 권함을 받았을 때 「よ」를 올려서 발음하면 OK의 뜻이 됨. ◀))

    − いいですよ。 ↗ 좋아요.

    − いいですよ。 ↗ 알았어요.

○ 자신의 의견 주장 : 자신의 의견을 강하게 말하고 싶을 때 내려서 발음함. 또는 누군가로부터 권함을 받았을 때 「よ」를 내려서 발음하면 NO의 뜻이 됨. ◀))

－ いいですよ。 ↘ 좋아요.

－ いいですよ。 ↘ (아니)됐어요.

(4) 문말 「じゃない」의 인토네이션

○ 동의 구함 : 자신이 없어 상대에게 물어서 동의를 구할 때 「ない」부분에서 소리가 올라감. ◀))
  － そうじゃない？ ↗ 그렇지 않니?

○ 부정 : 부정의 의미를 나타낼 때는 「な」가 올라가고 그 후 내려감. ◀))
  － そうじゃない。 ↘ 그렇지 않아.

○ 긍정 : 긍정의 의미를 나타낼 때 「じゃない」가 하강조가 됨. 「な」는 높지 않음. ◀))
  － そうじゃない。 ↘ 그렇지.

(5) 문말 종조사 「よね」「かな」「かね」의 인토네이션

○ 「よね」 : 자신이 있어도 상대에게 동의를 구한다든지, 확인할 때 「よ」에서 내리고 「ね」에서 올림. ◀))
  － そうだよね。 ↘↗ 그렇죠?

○ 「かな」 : 질문에 답할지 어떨지 상대의 판단에 맡기고, 의문을 상대와 공유하는 입장을 취할 때, 「な」부분이 올라감. ◀))
  － そうかな？ ↗ 그런가?

○ 「かね」 : 확신이 없기 때문에 확인할 때 사용함. 상대에게 적극적으로 물을 때는 「ね」부분 을 올리고, 자신에게 물을 때는 [ね]부분을 내림. ◀))
  － そうかね。 ↘ 그런가?
  － そうかね。 ↘ 그런가.

3 일본어 축약형 연습

(1) 다음 축약형/변화형의 원어민 음성을 들은 후 본래의 형태로 써 보세요.

1) ～ちゃった

2) ～なきゃならない

3) ～ちゃ

4) ～てた

5) ～てたら

6) ～てって

7) ～どこう

8) ～たげる

9) ～らんない

10) ～んなかった

(2) 다음 축약형/변화형의 원어민 음성을 들은 후 본래의 형태로 써 보세요.

1) 🔊 休んじゃった。쉬어 버렸다.

2) 🔊 話してる。이야기하고 있다.

3) 🔊 開けといて。열어 둬라.

4) 🔊 起きてた。일어나 있었다.

5) 🔊 買っとこう。사 두자.

6) 🔊 忘れちゃう。잊어 버려.

7) 🔊 飲んだげるよ。마셔 줄게.

8) 🔊 行かなきゃ。가지 않으면.

9) 🔊 分かんないよ。몰라.

10) 🔊 見てて。봐 봐.

(3) 다음 예의 원어민 음성을 들은 후 축약형/변화형을 써 보세요.

1) 🔊 早く書かなければ。쓰지 않으면.

2) 🔊 彼はすぐ遊んでしまうよ。그는 바로 놀아 버려.

3) 🔊 鳥が飛んでいるよ。새가 날고 있어.

4) 🔊 もう帰ってしまった。이미 돌아가 버렸다.

5) 🔊 行く前に食べておこう。가기 전에 먹어 둬야지.

6) 🔊 この本、読んでおいてね。이 책 읽어 둬라.

7) 🔊 ここで見ていて。여기서 보고 있어.

8) 🔊 いま飲んでいる。지금 마시고 있어.

9) 🔊 そこまでは知らないの。 거기까지는 몰라.

10) 🔊 雨、降っているよ。 비 내려.

4 **일본어 문말인토네이션 연습**

(1) 다음 원어민의 음성과 문말 화살표 표시를 보고 어떠한 의미의 문말 인토네이션인지 답하시오.

1) 🔊 どうでした<u>か</u>? ↗ 어땠습니까?

2) 🔊 本当です<u>か</u>。↘↗ 정말이에요.

3) 🔊 いい考えです<u>ね</u>。⟶ 좋은 생각이군요.

4) 🔊 これは分かりました<u>ね</u>。↗ 이건 알겠지요?

5) 🔊 あの人は先生です<u>よ</u>。↘ 저 사람은 선생이에요.

6) 🔊 もしかして、加藤さん<u>じゃない</u>? ↗ 혹시 가토상아닌가?

7) 🔊 違うよ。加藤さん<u>じゃない</u>。↘ 아냐. 가토상이 아냐.

8) 🔊 あの人、加藤さんだ<u>よね</u>。↘↗ 저 사람, 가토상 맞지?

9) 🔊 これでいい<u>かね</u>。↗ 이걸로 괜찮을까?

10) 🔊 本当です<u>か</u>。↓ 정말이지요?

5 **Slash-reading과 OJAD를 이용한 문 인토네이션 연습(repeat와 shadowing)**

[회화체 문(1)] 🔊

○ナ형용사의 긍정표현

여 : 木村さん、//この辺りは/静かですか。//
　　기무라씨. 이 부근은 조용합니까?

남 : はい、//かなり静かです。//
　　예 꽤 조용합니다.

① 위의 회화체 문에 Slash와 포즈 기호를 넣고 OJAD의 韻律読み上げチュータスズキクン을
실행시켜 보세요.(http://www.gavo.t.u-tokyo.ac.jp/ojad/phrasing/index)

② OJAD 실행 결과를 보며 손으로 제스춰를 취하면서 5번씩 소리 내어 발음해 보세요.

③ OJAD 실행 결과를 보며 원어민 음성을 들은 후 5번씩 따라서 소리 내어 발음해 보세요.

④ OJAD 실행 결과를 보지 않고 원어민 음성을 들으며 동시에 5번씩 소리내어 발음해 보세요.

[회화체 문(2)] 🔊

○ 복사해달라고 할 때

申し訳ありませんが、//これを/コピーしていただけますか。//

죄송합니다만 이것 좀 복사해 주시겠습니까?

① 위의 회화체 문에 Slash와 포즈 기호를 넣고 OJAD의 韻律読み上げチュータスズキクン을
　 실행시켜 보세요.(http://www.gavo.t.u-tokyo.ac.jp/ojad/phrasing/index)

② OJAD 실행 결과를 보며 손으로 제스춰를 취하면서 5번씩 소리 내어 발음해 보세요.

③ OJAD 실행 결과를 보며 원어민 음성을 들은 후 5번씩 따라서 소리 내어 발음해 보세요.

④ OJAD 실행 결과를 보지 않고 원어민 음성을 들으며 동시에 5번씩 소리 내어 발음해 보세요.

[문장체 문(1)] 🔊

本日のご来店、//ありがとうございました。//

오늘 찾아와 주셔서 감사합니다.

① 위의 문장체 문에 Slash와 포즈 기호를 넣고 OJAD의 韻律読み上げチュータスズキクン을
　 실행시켜 보세요.(http://www.gavo.t.u-tokyo.ac.jp/ojad/phrasing/index)

② OJAD 실행 결과를 보며 손으로 제스춰를 취하면서 5번씩 소리 내어 발음해 보세요.

③ OJAD 실행 결과를 보며 원어민 음성을 들은 후 5번씩 따라서 소리 내어 발음해 보세요.

④ OJAD 실행 결과를 보지 않고 원어민 음성을 들으며 동시에 5번씩 소리 내어 발음해 보세요.

[문장체 문(2)] 🔊

○ 일본전래동화읽기 "우라시마 타로(浦島太郎)"(8)

三日ほど/過ぎて、//ふと/家にいる/年老いた母親を/思い出し、//急に/帰りたくなりました。//「あ、//すっかり遊んでしまった。//とても楽しい\思いをしました。//もう/帰らなければ。/と/太郎が言うと、//乙姫様は「まだ/ずっといてくださいよ。//まだ/いっぱいおもしろいことがありますよ。//」と、//太郎が帰るのを/止めました。//しかし、//太郎

は/「いや、//私は/どうしても/帰らなければいけません。//」と/言いました。//乙姫様は/
「それは残念です。//そんなに/言うのだったら/仕方がないですね。//」と/言って、//太郎
に/お土産に/美しく光る/箱をくれました。//そして、//「これは/玉手箱というものです。
//この箱は/どんなことがあっても/開けてはいけませんよ。//特別な箱ですからね。//」
と、//乙姫様は/言いました。//

삼일 정도 지나 갑자기 집에 있는 나이 드신 어머니가 생각나 갑자기 돌아가고 싶어졌습니다. "아, 나도 모르게 깜빡 놀아 버렸다. 너무나 즐거운 경험을 했습니다. 이젠 돌아가지 않으면"하고 타로가 말하자 오토히메는 "아직 계속 계셔 주세요. 아직 너무나도 많이 재미있는 일이 있어요."라며 타로가 돌아가는 것을 말렸습니다. 그러나 타로는 "안 돼요. 아무래도 돌아가지 않으면 안 돼요"라고 말했습니다. 오토히메는 "그거 안타깝네요. 그렇게까지 말씀하신다면 어쩔 수 없네요"하고 타로에게 선물로 아름답게 빛나는 상자를 주었습니다. 그리고 "이건 다마테 상자라는 것입니다. 이 상자는 어떤 일이 있어도 열어서는 안 됩니다. 특별한 상자니까요."라고 오토히메가 말했습니다.

① 다음 문장체 문에 Slash와 포즈 기호를 넣고 OJAD의 韻律読み上げチュータスズキクン을
  실행시켜 보세요.(http://www.gavo.t.u-tokyo.ac.jp/ojad/phrasing/index)
② OJAD 실행 결과를 보며 손으로 제스춰를 취하면서 5번씩 소리내어 발음해 보세요.
③ OJAD 실행 결과를 보며 원어민 음성을 들은 후 5번씩 따라서 소리내어 발음해 보세요.
④ OJAD 실행 결과를 보지 않고 원어민 음성을 들으며 동시에 5번씩 소리내어 발음해 보세요.

교토 銀閣寺(ぎんかくじ)

제9과

일본어의 청음(淸音)·탁음(濁音)·
반탁음(半濁音)

학습내용

- 일본어의 청음(淸音) · 탁음(濁音) · 반탁음(半濁音)
- 일본어의 청음(淸音) · 탁음(濁音) · 반탁음(半濁音)관련 연습
- Slash-reading과 OJAD를 이용한 문 인토네이션 연습(repeat와 shadowing)

1 　**일본어의 청음(淸音)·탁음(濁音)·반탁음(半濁音)**

(1) 청음(淸音)

- ○ 오십음도(五十音図)의 각 음절 및 여기에 대응하는 각 요음(拗音)음절. 즉, 일본어 중에 ア, カ, サ, タ, ナ, ハ, マ, ヤ, ラ, ワ행과 キャ·キュ·キョ, シャ·シュ·ショ, チャ·チュ· チョ, ニャ·ニュ·ニョ, ヒャ·ヒュ·ヒョ, ミャ·ミュ·ミョ, リャ·リュ·リョ의 요음 (拗音)음절을 말함.
- ○ 탁음·반탁음과 쌍을 이룸.
- ○ 청음이라는 명칭은 중국운학(中国韻学)에서 취한 것인데 그 내용이 일치하지는 않음. [n] [m] [l] 등을 포함하는 음은 운서(韻書)에서는 청음이 아님.

(2) 탁음(濁音)

- ○ 청음에 대립하는 개념. 가나의 우측 어깨 부분에 탁점을 붙여 나타내는 음절(박).
- ○ ガ·ザ·ダ·バ행 및 ギャ·ギュ·ギョ, ジャ·ジュ·ジョ/ヂャ·ヂュ·ヂョ, ビャ· ビュ·ビョ의 요음(拗音)음절을 말함.
- ○ 청음·반탁음과 쌍을 이룸.
- ○ 탁음을 표시하는 방법은 가나의 우측어깨 쪽에 탁점을 붙이는 방법이 보통이지만 나라시대 (奈良時代 : 710-794)에는 加(カ)와 我(ガ)처럼 자모의 차이에 의해 청탁을 구별해 쓰려고 함.
- ○ 가나 발명 당시에는 탁음표기법이 없고, 헤이안 말기부터 차츰 탁점을 사용하게 됨.
- ○ 탁점이 성립된 후에도 그 사용이 그다지 일반적이 아니어서 청탁을 구별해 쓰지 않는 경우가 많았는데, 이것은 당시 청탁의 음운론적 대립이 그다지 중시되지 않았기 때문으로 판단됨.
- ○ "탁음"이라는 명칭은 중국의 운학(韻学)에서 도입된 것으로 그 내용도 대개 일치함. 무엇보 다도 이 내용은 오음(呉音)의 경우이지 한음(漢音)의 탁음은 전혀 다른 내용을 가짐.
- ○ 현대 공통어 등에서는 어중·어미의 ガ행음이 [ŋ]을 포함한 음절이 되기 때문에, 이것을 종 종 비탁음(鼻濁音)이라 칭하는데 [ga]와 [ŋa]의 음운론적 대립을 인정할 지 어떨지는 문제가 됨.

(3) 반탁음(半濁音)

- ○ パ행, ピャ·ピュ·ピョ의 음절. パ행과 ピャ·ピュ·ピョ의 자음음소는 / p /이고 단음은

[p]로 무성양순파열음임.

○청음·탁음과 쌍을 이룸.

○표기는 パ행, ピャ・ピュ・ピョ의 가나에 [゜]부호를 붙이는데 이 표기는 에도(江戸) 초기부터 보여짐.

○처음에는 한어·외국어표기의 경우가 많고, 그 이전에도 의성어 촉음 뒤의 ハ행음 등에는 p음이 있었을 가능성은 높지만 음운론적 존재라고 말 할 수는 없음.

○"반탁(半濁)"이라는 명칭은 『音曲玉淵集』때부터 사용했고 함.

○고유 일본어의 반탁음은 의성어를 제하면 어두에 나타나지 않는 것이 보통인데 쓰시마(対馬)방언 등에는 어두에도 나타남.

(4) 청음(清音)과 탁음(濁音)

○청음과 탁음의 대립은 음성학적으로 보면 음절의 두자음(頭子音)에 대한 개념임.

○청탁 대립을 하는 음절

  청음 : カ キ ク ケ コ　サ シ ス セ ソ　タ チ ツ テ ト　ハ ヒ フ ヘ ホ
  　　　[ka ki kɯ ke ko] [sa ʃi sü se so] [ta ʧi tsü te to] [ha çi ɸɯ he ho]

  탁음 : ガ ギ グ ゲ ゴ　ザ ジ ズ ゼ ゾ　ダ ヂ ヅ デ ド　バ ビ ブ ベ ボ
  　　　[ga gi gɯ ge go] [ʣa ʤi ʣü ʣe ʣo] [da ʤi ʣü de do] [ba bi bɯ be bo]

  청음 : キャ キュ キョ　シャ シュ ショ　チャ チュ チョ　ヒャ ヒュ ヒョ
  　　　[kja kjɯ kjo]　[ʃa ʃɯ ʃo]　[ʧa ʧɯ ʧo]　[ça çɯ ço]

  탁음 : ギャ ギュ ギョ　ジャ ジュ ジョ　ヂャ ヂュ ヂョ　ビャ ビュ ビョ
  　　　[gja gjɯ gjo]　[ʤa ʤɯ ʤo]　[ʤa ʤɯ ʤo]　[bja bjɯ bjo]

○청탁의 대립은 음성학적으로는 유성(有声), 무성(無声)의 대립으로 빗대어 짐.

  ─ カ행자음 [k]과 ガ행자음 [g], サ행자음 [s]과 ザ행자음 [ʣ], タ행자음 [t]과 ダ행자음 [d]은 무성과 유성 대립이 인정됨.

  ─ ハ행자음 [h]과 バ행자음 [b]은 그러한 음성적 대응은 갖는다고 말할 수 없음. 다시 말해 [h]는 무성성문마찰음이고 이 음의 유성음은 [ɦ]인데, [b]는 유성양순파열음으로 무성인 [p]와 대립함.

  ─ 일반적으로 유성·무성의 대립을 갖는 유성자음이 탁음의 자음이 된다고 해석하면, ナ행자음[n], マ행자음[m]은 모두 비음이며 유성음인데, 여기에 대응하는 무성음[n̥][m̥]은 일본어에서는 인정할 수 없기 때문에 [n]과 [m]은 탁음자격이 없음.

  ─ ラ행자음 [ɾ]과 반모음ヤ행 [j], ワ행 [w]은 본래 유성·무성 대립을 갖지 않는 유성음이기

때문에 청탁대립이 문제가 되지 않음. 소위 중립적인 음이라고 말할 수 있음.

○ 유성·무성 대립이 인정되는 청탁대립 자음음소(子音音素)

　/ k / : カ행음과 カ행요음의 자음 [k]로 무성연구개파열음.

　/ g / : ガ행음과 ガ행요음의 자음 [g]로 유성연구개파열음.

　/ s / : 「サ・ス・セ・ソ」의 자음 [s]인 무성치경마찰음과 「シ」와 サ행요음의 자음 [ʃ]인 무
　　　　성치경경구개마찰음.

　/ z / : 「ザ・ズ・ゼ・ゾ」의 자음 [ʣ]인 유성치경파찰음과 「ジ」와 ジャ・ジュ・ジョ/
　　　　ヂャ・ヂュ・ヂョ의 자음 [ʤ]인 유성치경경구개파찰음. 어두 이외의 위치나 撥音
　　　　직후에 오지 않는 「ザ・ズ・ゼ・ゾ」의 자음 [z]은 유성치경마찰음으로, 「ジ」와
　　　　ジャ・ジュ・ジョ/ヂャ・ヂュ・ヂョ의 자음 [ʒ]은 유성치경경구개마찰음으로 발
　　　　음됨.

　/ t / : 「タ・テ・ト」의 자음 [t]로 무성치경파열음.

　/ c / : 「チ」와 タ행요음의 자음 [ʧ]인 무성치경경구개파찰음과 「ツ」의 자음 [ts]인 무성치경
　　　　파찰음.

　/ d / : 「ダ・デ・ド」의 자음 [d]인 유성치경파열음.

(5) カ·ガ行、タ·ダ行의 발음법

1) 어두의 탁음

○ 어두의 탁음은 엄밀하게 말해서 한국인은 발음할 수 없음. 왜냐하면 어두의 탁음은 유성음
　으로 한국어의 경우 어두에 유성음이 오는 경우가 없기 때문임. 유성음은 발음을 할 때 목 부
　분의 성대가 떨리는 음을 말함.

○ 한국어의 경우도 어의 중간이나 끝에서는 유성음이 존재함. 구체적으로 한국어의 평음인
　'ㄱ, ㄷ, ㅂ, ㅈ'은 모음과 모음 사이에 둘러 쌓이거나 비음과 모음 사이에 둘러 쌓일 때 유성음
　으로 소리가 남.

　예 : '아기'의 2음절의 '기'의 'ㄱ'은 앞의 [ㅏ]와 [ㅣ]에 둘러 쌓여 [g]음인 유성음이 됨.

　이 현상을 이용하여 어두의 탁음을 발음하면 일본인은 어두가 탁음임을 인식하게 되어 커뮤
　니케이션이 원활하게 됨.

○ 구체적으로 말하자면 어두의 「が」음을 발음할 때는 먼저 소리가 거의 나지 않는 상태로 [으]
　를 목에서 소리 냄과 동시에 [가]를 발음하는 식임. 다시 말해 [으가]와 같이 발음하는 것임. 이
　것을 다른 어두의 탁음에도 이용하여 [으기] [으구] [으게] [으고] [으자] [으지] [으즈] [으제] [으조]

[ㅇ다] [ㅇ지] [ㅇ즈] [ㅇ데] [ㅇ도] [ㅇ바] [ㅇ비] [ㅇ부] [ㅇ베] [ㅇ보]와 같이 발음하는 것임. 어두의 탁음은 이와 같이 발음하고 어두의 청음은 한국어의 격음 '카' '타'를 약하게 발음하는 식으로 하면 일본인과의 커뮤니케이션에 지장이 없음. ◀))

예) かき(柿 감) [카키]　　　がき(餓鬼 개구장이) [ㅇ가키]

　　ため(為 위해) [타메]　　だめ(駄目 소용없음) [ㅇ다메]

○ 일본인들의 발음을 실질적으로 들어보면 한국인이 발음하는 것처럼 하지 않기 때문에 구분이 잘 가지 않는 경우가 있음. 특히 일본어의 カ行과 ガ行、タ行과 ダ行은 조음방법과 조음점이 같고 단지 유성음, 무성음만이 다르기 때문에 구별이 어려움. ◀))

예) かき(柿 감)　　　　がき(餓鬼 개구장이)

　　ため(為 위해)　　　だめ(駄目 소용없음)

○ 이 음들은 많이 들어 유성음 무성음의 차이에 익숙해 져야 하며 필요 시에는 그 단어를 외워서 머리 속에 익혀서 발음해야 함.

2) 어중/어미의 청음

○ カ行과 タ行의 음을 어두에서 한국인이 발음할 때는 한국어의 격음을 부드럽고 약하게 발음하면 무난함.

○ カ行과 タ行음이 어중이나 어미의 위치에 오게 되면 한국인들은 유성음, 즉 탁음으로 발음하는 경향이 나타나는데 그 이유는 한국어의 평음인 'ㄱ, ㄷ, ㅂ, ㅈ'이 모음과 모음 사이에 둘러 쌓이거나 비음과 모음 사이에 둘러 쌓일 때 유성음으로 소리가 나는 현상에 기인함.

○ 만약 カ行과 タ行음을 어중이나 어미의 위치에서 유성음으로 발음하게 되면 다른 의미의 단어가 되거나 해서 커뮤니케이션이 원활하게 이루어지지 않음.

예) かき 柿 감 [카끼]를 [카기]로 발음.

　　ひとつ 一つ 하나 [히또쯔]를 [히도쯔]로 발음.

○ 위 현상을 막기 위해서는 カ行과 タ行의 음을 어중이나 어미의 위치에서도 어두에서와 같이 한국어의 격음 또는 농음을 부드럽고 약하게 발음하면 무난하다.

예) かき 柿 감 [카끼], 　ひとつ 一つ 하나 [히또쯔]

(1) 원어민의 음성을 듣고 제시한 단어와 일치하는 예를 골라보세요.

1) ◀)) ① カイ(貝 조개)　　　　② ガイ(害 해)

2) ◀)) ① カクイ(各位 각위)　　② ガクイ(学位 학위)

3) ◀)) ① キオン(気温 기온)　　② ギオン(擬音 의음)

4) ◀)) ① キシ(騎士 기사)　　　② ギシ(技師 기사)

5) ◀)) ① クーゼン(空前 공전)　② グーゼン(偶然 우연)

6) ◀)) ① クチル(朽ちる 썩다)　② グチル(愚痴る 푸념하다)

7) ◀)) ① ケタ(桁 자릿수)　　　② ゲタ(下駄 나막신)

8) ◀)) ① ケッカン(血管 혈관)　② ゲッカン(月間 월간)

9) ◀)) ① コーカ(高価 고가)　　② ゴーカ(豪華 호화)

10) ◀)) ① コードー(講堂 강당)　② ゴードー(合同 합동)

(2) 원어민의 음성을 듣고 제시한 단어와 일치하는 예를 골라보세요.

1) ◀)) ① タイヘン(大変 큰 일)　② ダイヘン(代返 대리출석)

2) ◀)) ① タイヤク(対訳 대역)　② ダイヤク(代役 대역)

3) ◀)) ① テル(照る 비치다)　　② デル(出る 나가다)

4) ◀)) ① テンセン(点線 점선)　② デンセン(電線 전선)

5) ◀)) ① テンコー(天候 기후)　② デンコー(電光 전광)

6) ◀)) ① タイガク(退学 퇴학)　② ダイガク(大学 대학)

7) ◀)) ① トクセン(特選 특선)　② ドクセン(独占 독점)

8) ◀)) ① トーセキ(投石 투석)　② ドーセキ(同席 동석)

9) ◀)) ① トモル(点る 점화되다)　② ドモル(どもる 말을 더듬다)

10) ◀)) ① トージョースル(登場する 등장하다)　② ドージョースル(同情する 동정하다)

(3) 원어민의 음성을 듣고 제시한 단어와 일치하는 예를 골라보고 그 예를 녹음해 보세요.

1) ◀)) ① カサク(佳作 가작)　　② カシャク(呵責 가책)

2) ◀)) ① タイサ(大差 큰 차이)　② タイシャ(大社 저명한 신사)

3) 🔊 ① カス(滓 앙금)   ②カシュ(歌手 가수)

4) 🔊 ① スージツ(数日 수일)   ②シュージツ(週日 평일)

5) 🔊 ① カンソー(感想 감상)   ②カンショー(鑑賞 감상)

6) 🔊 ① サンピ(賛否 찬성반대)   ②サンビ(賛美 찬미)

7) 🔊 ① シンポー(新法 신법)   ②シンボー(信望 신망)

8) 🔊 ① カバン(鞄 가방)   ②ガバン(画板 화판)

9) 🔊 ① キンメダル(金メダル 금메달)   ②ギンメダル(銀メダル 은메달)

10) 🔊 ① トーイ(遠い 멀다)   ②ドーイ(同意 동의)

(4) 다음 원어민의 음성을 반복하여 듣고 악센트에 주의하며 큰 소리로 발음해 보세요.

1) 🔊 カカク(価格 가격)

2) 🔊 カキカタ(書き方 쓰는 방법)

3) 🔊 カキケス(かき消す 싹 지우다)

4) 🔊 カコク(苛酷 가혹)

5) 🔊 クギカイ(区議会 구의회)

6) 🔊 ココク(故国 고국)

7) 🔊 ササツ(査察 사찰)

8) 🔊 シシツ(私室 사실)

9) 🔊 シャセツ(社説 사설)

10) 🔊 スシヅメ(すし詰め 꽉 들어참)

11) 🔊 スズシサ(涼しさ 시원함)

12) 🔊 チョーシュシャ(聴取者 청취자)

13) 🔊 カタタタキ(肩たたき 어깨 두드리기)

14) 🔊 タダチニ(直ちに 즉시)

15) 🔊 チツジョ(秩序 질서)

16) 🔊 ツチツカズ(土つかず 전승)

17) 🔊 トチダイチョー(土地台帳 토지대장)

18) 🔊 ホタテガイ(帆立て貝 가리비)

19) 🔊 ミトドケル(見届ける 끝까지 지켜보다)

20) 🔊 ヨツツジ(四つ辻 네거리)

[회화체 문(1)] ◀)))

○ ナ형용사의 부정표현

　여 : ここは/どう？//

　　　여긴 어때?

　남 : あまり/便利ではないね。//

　　　별로 편리하지 않은데.

① 위의 회화체 문에 Slash와 포즈 기호를 넣고 OJAD의 韻律読み上げチュータスズキクン을
　실행시켜 보세요.(http://www.gavo.t.u-tokyo.ac.jp/ojad/phrasing/index)

② OJAD 실행 결과를 보며 손으로 제스춰를 취하면서 5번씩 소리 내어 발음해 보세요.

③ OJAD 실행 결과를 보며 원어민 음성을 들은 후 5번씩 따라서 소리 내어 발음해 보세요.

④ OJAD 실행 결과를 보지 않고 원어민 음성을 들으며 동시에 5번씩 소리내어 발음해 보세요.

[회화체 문(2)] ◀)))

○ 실수를 사죄할 때

　私どもの不手際で/ご迷惑を/おかけしたことを/お許しください。//

　저희들 불찰로 폐를 끼치게 된 점 용서해 주십시오.

① 위의 회화체 문에 Slash와 포즈 기호를 넣고 OJAD의 韻律読み上げチュータスズキクン을
　실행시켜 보세요.(http://www.gavo.t.u-tokyo.ac.jp/ojad/phrasing/index)

② OJAD 실행 결과를 보며 손으로 제스춰를 취하면서 5번씩 소리 내어 발음해 보세요.

③ OJAD 실행 결과를 보며 원어민 음성을 들은 후 5번씩 따라서 소리 내어 발음해 보세요.

④ OJAD 실행 결과를 보지 않고 원어민 음성을 들으며 동시에 5번씩 소리 내어 발음해 보세요.

[문장체 문(1)] ◀)))

ハーブ仕立ての/風味豊かな/調味料でございます。//

허브가 들어가 풍미가 좋은 조미료입니다.

① 위의 문장체 문에 Slash와 포즈 기호를 넣고 OJAD의 韻律読み上げチュータスズキクン을

실행시켜 보세요.(http://www.gavo.t.u-tokyo.ac.jp/ojad/phrasing/index)

② OJAD 실행 결과를 보며 손으로 제스춰를 취하면서 5번씩 소리 내어 발음해 보세요.

③ OJAD 실행 결과를 보며 원어민 음성을 들은 후 5번씩 따라서 소리 내어 발음해 보세요.

④ OJAD 실행 결과를 보지 않고 원어민 음성을 들으며 동시에 5번씩 소리 내어 발음해 보세요.

[문장체 문(2)] ◀》

○ 일본전래동화읽기 "우라시마 타로(浦島太郎)"(9)

太郎は/玉手箱をもらい、//カメに乗り、//帰ってきました。//カメは/スイスイと泳いで、//いつの間にか、//元の海辺に/着いていました。//太郎は/カメに/別れを言って、//自分の家に帰ろうと/海辺を歩きましたが、//何だか\様子が変です。//「あれ？/おかしいな。//家がない。//それに、//今まで見たことも/会ったこともない人達ばかりだぞ。//どうなっているんだろう…。//」と、/心配になり、//自分の家のところに/歩いて行きました。//

타로는 상자를 받고, 거북이 등에 타고 돌아왔습니다. 거북이는 쑥쑥 헤엄쳐 금방 본래의 바닷가에 도착했습니다. 타로는 거북이이게 작별인사를 하고 자신의 집으로 돌아가려고 바닷가를 거닐었는데 왠지 주위가 이상했습니다. "어? 이상한데. 집이 없네. 게다가 지금까지 본 적도 만난 적도 없는 사람들 뿐이네. 어떻게 된 거지…"하고 걱정이 되어 자신의 집 있는 곳으로 걸어 갔습니다.

① 다음 문장체 문에 Slash와 포즈 기호를 넣고 OJAD의 韻律読み上げチュータスズキクン을 실행시켜 보세요.(http://www.gavo.t.u-tokyo.ac.jp/ojad/phrasing/index)

② OJAD 실행 결과를 보며 손으로 제스춰를 취하면서 5번씩 소리내어 발음해 보세요.

③ OJAD 실행 결과를 보며 원어민 음성을 들은 후 5번씩 따라서 소리내어 발음해 보세요.

④ OJAD 실행 결과를 보지 않고 원어민 음성을 들으며 동시에 5번씩 소리내어 발음해 보세요.

제10과

일본어의 ザ행·ジャ행음

학습내용

■ 일본어의 ザ행 · ジャ행음

■ 일본어의 ザ행 · ジャ행음 관련 연습

■ Slash-reading과 OJAD를 이용한 문 인토네이션 연습(repeat와 shadowing)

○일본어 サ행·シャ행의 음소는 /s/이며, ザ행·ジャ행의 음소는 / z / 로 나타냄.

○サ행의 サ·ス·セ·ソ의 자음은 [s]로 무성치경마찰음이며, シ와 シャ·シュ·ショ의 자음은 [ʃ]로 무성치경경구개마찰음임.

○ザ행의 ザ·ズ·ゼ·ゾ의 자음[dz]은 유성치경파찰음이며, ジ와 ジャ·ジュ·ジョ의 자음 [dʒ]은 유성치경경구개파찰음임. ◀»

예)　ザコ[dzako] 雑魚 잡어　　　ズット[dzɯtto] 계속

　　 カンゼン[kandzeN] 完全 완전　ゾット[dzotto] 오싹

　　 ジム[dʒimɯ] 事務 사무　　　ジャマ[dʒama] 邪魔 방해

　　 ジュージ[dʒɯːzi] 十時 열 시　ジョーコー[dʒoːkoː] 乗降 승강

○어두 이외의 위치나 撥音 직후에 오지 않는 　ザ·ズ·ゼ·ゾ의 자음은 [z]으로 유성치경마찰음으로, ジ와 ジャ·ジュ·ジョ의 자음은 [ʒ]로 유성치경경구개마찰음으로 발음됨. ◀»

예)　セーザ[seːza] 正座 정좌　　　コズエ[kozɯe] 梢 나뭇가지 끝

　　 ゴゼン[gozeN] 午前 오전　　　ドーゾー[doːzoː] 銅像 동상

　　 カジ[kaʒi] 火事 화재　　　　 セージャ[seːʒa] 聖者 성자

　　 カジュ[kaʒɯ] 果樹 과수　　　コージョー[koːʒoː] 向上 향상

(1) ザ·ゼ·ゾ와 ジャ·ジェ·ジョ의 발음

○語頭나 撥音 뒤에 나타나는 ザ[dza]·ゼ[dze]·ゾ[dzo]의 자음 [dz]은, 한국어에는 존재하지 않기 때문에 한국인들은 요음 ジャ[dʒa]·ジェ[dʒe]·ジョ[dʒo]의 자음 [dʒ]로 발음하는 경향이 있음. 만약 이 음으로 발음하면 다른 의미가 되어 버리기 때문에 주의를 요함. ◀»

예)　ゾーキ[dzoːki] 臓器 장기　　　ジョーキ[dʒoːki] 蒸気 증기

　　 シンゾー[sindzoː] 心臓 심장　 シンジョー[sindʒoː] 心情 심정

○ザ[dza]·ゼ[dze]·ゾ[dzo]의 자음은 혀 끝을 세워 윗니 바로 뒤의 딱딱한 살 부분에 붙였다가 조금 열어 그 사이로 폐로부터의 공기가 지나가게 하여 마찰시켜 소리를 낸다는데 주목해야 함.

○ジャ[dʒa]·ジェ[dʒe]·ジョ[dʒo]의 자음 발음은 ザ[dza]·ゼ[dze]·ゾ[dzo]의 자음발음보다 더 안쪽으로 혀를 더 넓게 붙였다가 조금 열어 그 사이로 폐로부터의 공기가 지나가게 하여 마찰시켜 소리를 낸다는 점이 다름.

○ 한국어로 ザ[dza]・ゼ[dze]・ゾ[dzo]의 발음은 우선 혀 끝을 세워 [사]음과 같은 위치에 혀 끝을 가볍게 붙였다가 떼면서 [ㅇ자] [ㅇ제] [ㅇ조]와 같이 발음함. 이 음의 구별은 한국인에게 어렵기 때문에 몇 번이고 원어민의 발음을 듣고 익숙해 져야만 함.

○ 요음 ジャ[dʒa]・ジェ[dʒe]・ジョ[dʒo]의 발음은 한국어로 [자][제][조]를 발음하는 느낌으로 [ㅇ자] [ㅇ제] [ㅇ조]와 같이 발음함.

(2) ズ・ジュ의 발음

○ ズ의 자음[dz]은 혀 끝을 세워 윗니 바로 뒤의 딱딱한 살 부분에 붙였다가 조금 열어 그 사이로 폐로부터의 공기가 지나가게 하여 마찰시켜 소리를 내며 성대를 떨리게 함.

○ 이 음은 일본어의 'う'단임에도 불구하고 모음의 발음을 '우'가 아닌 '으'에 가깝게 발음한다는 것에 주의해야 함.

○ 한국어로 [ㅇ즈]에 가깝게 발음하되 혀 끝을 세워 윗니 바로 뒤의 딱딱한 살 부분에 붙였다가 조금 연다는 점에 주목해야 함. 특히 ジュ[dʒɯ]와 같이 '주'로 발음하지 않도록 주의해야 함. ◀))
예) ズノー[dzɯno:] 頭脳 두뇌   ジュノー[dʒɯno:] 受納 수납(한문투)

2 일본어의 ザ행・ジャ행음 관련 연습

(1) 원어민의 음성을 듣고 일치하는 예를 골라보세요.

1) ◀)) ① レザー(leather 가죽)   ② レジャー(leisure 레저)

2) ◀)) ① セイザ(正座 정좌)   ② セイジャ(聖者 성자)

3) ◀)) ① カズ(数 수)   ② カジュ(果樹 과수)

4) ◀)) ① コーゾー(構造 구조)   ② コージョー(向上 향상)

5) ◀)) ① カンゾー(肝臓 간장)   ② カンジョー(感情 감정)

6) ◀)) ① ゾーゲン(増減 증감)   ② ジョーゲン(上限 상한)

7) ◀)) ① ジェロ   ② ゼロ(Zero 제로)

8) ◀)) ① ゲンゾー(現像 현상)   ② ゲンジョー(現場 현장)

9) ◀)) ① ズコー(図工 도공)   ② ジュコー(受講 수강)

10) ◀)) ① キズ(生酢 순수한 식초)   ② キジュ(喜寿 희수)

(2) 다음 원어민의 음성을 듣고 일치하는 예를 골라보세요.

1) 🔊 ① ザマ(様 모양새)　　　　　② ジャマ(邪魔 폐)

2) 🔊 ① フサイ(負債 부채)　　　　　② フザイ(不在 부재)

3) 🔊 ① ゾーキ(臓器 장기)　　　　　② ジョーキ(上記 상기)

4) 🔊 ① ゼンセン(前線 전선)　　　　② センゼン(戦前 전쟁 전)

5) 🔊 ① ニューシ(乳歯 유치)　　　　② ニュージ(乳児 유아)

6) 🔊 ① ススメ(勧め 권함)　　　　　② スズメ(雀 참새)

7) 🔊 ① ショーゾー(肖像 초상)　　　② ショージョー(賞状 상장)

8) 🔊 ① センシャ(戦車 전차)　　　　② センジャ(選者 뽑는 사람)

9) 🔊 ① ガゾー(画像 화상)　　　　　② ガジョー(賀状 축하편지)

10) 🔊 ① ゾーシュー(増収 증수)　　　② ジョーシュー(常習 상습)

(3) 다음 원어민의 음성을 듣고 일치하는 예를 골라보세요.

1) 🔊 ① セーゾー(製造 제조)　　　　② セージョー(清浄 청정)

2) 🔊 ① ジャル(JAL 일본항공)　　　② ザル(笊 소쿠리)

3) 🔊 ① シゾースル(死蔵する 사장하다)　　② シジョースル(試乗する 시승하다)

4) 🔊 ① シショ(支所 지소)　　　　　② シジョ(子女 자녀)

5) 🔊 ① ケンゾースル(建造する 건조하다)　② ケンジョースル(献上する 헌상하다)

6) 🔊 ① グンゾー(群像 군상)　　　　② グンジョー(群青 군청)

7) 🔊 ① ジャクシャ(弱者 약자)　　　② ヤクシャ(訳者 역자)

8) 🔊 ① ジュズ(数珠 염주)　　　　　② ジュジュ(授受 수수)

9) 🔊 ① キジュー(機銃 기관총)　　　② キユー(杞憂 기우)

10) 🔊 ① ジュー(十 십)　　　　　　② ジユー(自由 자유)

(4) 다음 원어민의 음성을 반복하여 듣고 악센트에 주의하여 큰 소리로 발음해 보세요.

1) 🔊 シンジャ(信者 신자)

2) 🔊 ジューイ(獣医 수의사)

3) 🔊 トージョースル(登場する 등장하다)

4) 🔊 ジョーケン(条件 조건)

5) 🔊 センジョー(洗浄 세정)

6) 🔊 キョーザイ(教材 교재)

7) 🔊 シジュー(始終 시종)

8) 🔊 シンゾー(心臓 심장)

9) 🔊 ボゼン(墓前 묘지 앞)

10) 🔊 ヒザシ(日差し 햇빛)

3 **Slash-reading과 OJAD를 이용한 문 인토네이션 연습(repeat와 shadowing)**

[회화체 문(1)] 🔊

○ 동사의 긍정표현

여 : 何をしに行きますか。//
　　뭐하러 갑니까?

남 : 映画を見に行きます。//
　　영화를 보러 갑니다.

① 위의 회화체 문에 Slash와 포즈 기호를 넣고 OJAD의 韻律読み上げチュータスズキクン을
　실행시켜 보세요.(http://www.gavo.t.u-tokyo.ac.jp/ojad/phrasing/index)
② OJAD 실행 결과를 보며 손으로 제스춰를 취하면서 5번씩 소리 내어 발음해 보세요.
③ OJAD 실행 결과를 보며 원어민 음성을 들은 후 5번씩 따라서 소리 내어 발음해 보세요.
④ OJAD 실행 결과를 보지 않고 원어민 음성을 들으며 동시에 5번씩 소리내어 발음해 보세요.

[회화체 문(2)] 🔊

○ 교섭할 때

　勝手申し上げますが、//予算を/あげていただけると/助かります。//
　감히 말씀드립니다만, 예산을 올려 주셨으면 좋겠습니다.

① 위의 회화체 문에 Slash와 포즈 기호를 넣고 OJAD의 韻律読み上げチュータスズキクン을
　실행시켜 보세요.(http://www.gavo.t.u-tokyo.ac.jp/ojad/phrasing/index)
② OJAD 실행 결과를 보며 손으로 제스춰를 취하면서 5번씩 소리 내어 발음해 보세요.

③ OJAD 실행 결과를 보며 원어민 음성을 들은 후 5번씩 따라서 소리 내어 발음해 보세요.

④ OJAD 실행 결과를 보지 않고 원어민 음성을 들으며 동시에 5번씩 소리 내어 발음해 보세요.

[문장체 문(1)] ◀))

この授業は、//携帯電話からは/ご利用いただけません。//

이 수업은 휴대전화로는 이용할 수 없습니다.

① 위의 문장체 문에 Slash와 포즈 기호를 넣고 OJAD의 韻律読み上げチュータスズキクン을 실행시켜 보세요.(http://www.gavo.t.u-tokyo.ac.jp/ojad/phrasing/index)

② OJAD 실행 결과를 보며 손으로 제스춰를 취하면서 5번씩 소리 내어 발음해 보세요.

③ OJAD 실행 결과를 보며 원어민 음성을 들은 후 5번씩 따라서 소리 내어 발음해 보세요.

④ OJAD 실행 결과를 보지 않고 원어민 음성을 들으며 동시에 5번씩 소리 내어 발음해 보세요.

[문장체 문(2)] ◀))

○ 일본전래동화읽기 "우라시마 타로(浦島太郎)"(10)

そして、//村人に聞きました。//「あの、//この辺に/浦島太郎という漁師の家は/ありませんか?//確かに/ここに/あったんですが。//」すると、//村人は/こう答えました。//「浦島太郎だって。//ああ、//そういえば、//そんな珍しい名前の人が/100年前にいたという/伝説があるよ。//ある日、//つりに出かけたまま/帰らなかったらしい。//そんな話を/聞いたことがある。//」太郎は/びっくりしました。//

그리고는 마을사람에게 물었습니다. "저, 이 부근에 우라시마타로라고 하는 어부의 집은 없는지요? 분명히 여기에 있었는데요." 그러자 마을 사람은 이렇게 대답했습니다. "우라시마타로를 묻는데. 아아, 그러고 보니까 그런 진귀한 이름을 한사람이 100년전에 있었다고 하는 전설이 있지. 어느 날, 낚시하러 간 채로 돌아오지 않았다고 해. 그런 이야기를 들은 적은 있지." 타로는 깜짝 놀랐습니다.

① 다음 문장체 문에 Slash와 포즈 기호를 넣고 OJAD의 韻律読み上げチュータスズキクン을 실행시켜 보세요.(http://www.gavo.t.u-tokyo.ac.jp/ojad/phrasing/index)

② OJAD 실행 결과를 보며 손으로 제스춰를 취하면서 5번씩 소리내어 발음해 보세요.

③ OJAD 실행 결과를 보며 원어민 음성을 들은 후 5번씩 따라서 소리내어 발음해 보세요.

④ OJAD 실행 결과를 보지 않고 원어민 음성을 들으며 동시에 5번씩 소리내어 발음해 보세요.

교토 銀閣寺 내의
銀沙灘(ぎんしゃだん)

제11과

일본어의 ハ・ナ・ラ행음과 ガ행비탁음

학습내용

- 일본어의 ハ・ナ・ラ행음
- 일본어의 ガ행비탁음
- 일본어의 ハ・ナ・ラ행음 관련 연습
- 일본어의 ガ행비탁음 관련 연습
- Slash-reading과 OJAD를 이용한 문 인토네이션 연습(repeat와 shadowing)

(1) 일본어 ハ행음의 발음

o 일본어 ハ행·ヒャ행의 음소는 / h /로 나타냄.

o ハ행의 ハ·ヘ·ホ의 자음은 [h]로 무성성문마찰음이며, フ의 자음은 [ɸ]로 무성양순마찰음, ヒ와 ヒャ·ヒュ·ヒョ의 자음은 [ç]로 무성경구개마찰음임. ◀))

예) ハイ[hai] 예,　ヘイワ[he:wa] 平和 평화,　ホントー[honto:] 本当 정말

フトン[ɸutoN] 布団 이불

ヒミツ[çimitsɯ] 秘密 비밀

ヒャク[çakɯ] 百 백,　ヒューガ[çɯ:ŋa] 日向 휴가(지명),　ヒョーバン[ço:baN] 評判 평판

o 모음 사이에 나타나는 자음[h]는 유성음[ɦ]와 같이 소리가 약하게 들리는 경향이 있기 때문에 주의하여 발음을 해야함. ◀))

예) ゴハン[gohaN] 御飯 밥 → [goɦaN](ゴアン과 비슷한 음임)

オヘンジ[ohendʒi] お返事 답변 → [oɦendʒi](オエンジ와 비슷한 음임)

(2) 일본어 ナ행음의 발음

o 일본어 ナ행·ニャ행의 음소는 / n /으로 나타냄.

o ナ행의 ナ·ヌ·ネ·ノ의 자음은 [n]으로 유성치경비음이며, ニ와 ニャ·ニュ·ニョ의 자음은 [ɲ]로 유성치경경구개비음임. ◀))

예) ナカ[naka] 仲 사이,　ヌク[nɯkɯ]抜く 빼다,　ネムイ[nemɯi]眠い 졸리다,　ノル[norɯ]乗る 타다
ニル[ɲirɯ]似る 닮다

ニャーニャー[ɲa:ɲa:] 야옹야옹,　カニュー[kaɲɯ:]加入 가입,　ニョニン[ɲoɲiN]女人 여인

(3) 일본어 ラ행음의 발음

o 일본어 ラ행·リャ행의 음소는 /ɾ/으로 나타냄.

o ラ행의 ラ·ル·レ·ロ의 자음은 [ɾ]로 유성치경탄음이며 リ와 リャ·リュ·リョ의 자음은 [ɾʲ]로 경구개화된 유성치경탄음임. ◀))

예) カラダ[kaɾada] 体 몸,　アル[aɾɯ] 有る 있다,　ハレ[haɾe] 晴れ 맑음,　ローカ[ɾo:ka] 老化 노화

リカイ[ɽikai] 理解 이해,　リャクレキ[ɽakɯreki] 略歴 약력,　リューコー[ɽuːkoː] 流行 유행

リョーアシ[ɽoːaʃi] 両足 양다리

일본어의 ガ행비탁음

○ ガ행음의 자음 음소표기는 /g/임.

○ 기본적으로 어두에 오는 ガ행음의 자음은 [g]로 유성연구개파열음이며, 어중어미에 오는 ガ행음의 자음은 [ŋ]로 유성연구개비음임. 후자와 같이 [ŋ]로 발음하는 것을 ガ행의 비음화라 하며 비음화된 음을 ガ행비음 또는 ガ행비탁음이라고 함. ◀»

　　예) ガイコク[gaikokɯ] 外国 외국,　ゴク[gokɯ] 語句 어구

　　　　サガク[saŋakɯ] 差額 차액,　カグ[kaŋɯ] 家具 가구,　カゲ[kaŋe] 影 그림자

　　　　コゴエル[koŋoerɯ] 凍える 얼다

○ 보통의 탁음 ガ행과 비탁음의 사용구분을 못하는 사람이 늘고 있음.

(1) 비탁음이 되기 쉬운 것

－ 어중·어미의 ガ행음 ◀»

　　예) ハガキ[haŋaki] 葉書 엽서,　ネギ[neŋi] 葱 파,　ナグサメ[naŋɯsame] 慰め 위안

　　　　ナゲク[naŋekɯ] 嘆く 소리치다,　ハシゴ[haʃiŋo] 梯子 사다리

－ 조사 [ガ]의 음 ◀»

　　예) ハナガ[hanaŋa] 花が 꽃이

－ 연탁(連濁)현상이 일어난 음 ◀»

　　예) ハルガスミ[harɯŋasɯ̈mi] 春霞 봄 안개

－ 하나의 단어가 된 수사의 음 ◀»

　　예) シチゴサン[ʃitʃiŋosaN] 七五三 시치고상,　ジューゴヤ[dʒɯːŋoja] 十五夜 음력 보름날 밤

(2) 비탁음이 되기 어려운 것

－ 어두의 ガ행음 ◀»

　　예) ゲンゴ[genŋo] 言語 언어,　ゴーカク[goːkakɯ] 合格 합격

- 외래어 속의 ガ행음 ◀))

  예) シガレット[ʃigaɾetto] 담배,   ペンギン[peŋgiN] 펭귄

  예외적으로 [ŋ]음인 ガ행비탁음으로 소리나는 예도 존재함. ◀))

  예) スプリング[sɯpɯɾiŋŋɯ] spring 봄,   ハイキング[haikiŋŋɯ] hiking 하이킹

     イギリス[iɲiɾisɯ̈] 영국,   ベルギー[beɾɯɲi:] 벨기에

- 수사 "5"의 음 ◀))

  예) ジューゴ[dʒɯ:go] 15,   ニジューゴド[niʤɯ:godo] 25도

- 2박의 반복, 또는 이것에 준하는 4박의 의태어, 의성어의 3번째 박은 ガ행음임 ◀))

  예) ガヤガヤ[gajagaja] 왁자지껄,   ガタゴト[gatagoto] 덜그럭덜그럭

     ガ행비탁음: モグモグ[moŋɯmoŋɯ] 우물우물,   マゴマゴ[maŋomaŋo] 우물쭈물

- 결합이 약한 접두어 뒤의 음 ◀))

  예) オゲンキ[ogeŋki] お元気 건강,   シンギイン[ʃiŋgiiN] 新議員 신 의원

     ガ행비탁음: オグシアゲ[oŋɯʃiaŋe] お髪上げ 남의 머리를 손질해 줌.

- 복합어 후부요소의 어두에 오는 음 ◀))

  예) アサゴハン[asagohaN] 朝御飯 아침밥

     デンキギシ[deŋkigiʃi] 電気技師 전기기사

     コートーガッコー[ko:to:gakko:]高等学校 고등학교

  예외) ショーガッコー[ʃo:ŋakko:]小学校 초등학교

     ケイザイガク[ke:zaiŋakɯ]経済学 경제학

     カブシキガイシャ[kabɯʃikiŋaiʃa]株式会社 주식회사

     チューガッコー[ʧɯ:ŋakko:]中学校 중학교

3 일본어의 ハ・ナ・ラ행음 관련 연습

(1) 원어민의 음성을 듣고 일치하는 예를 골라보세요.

   1) ◀)) ① イジ(意地 의지)   ② ヒジ(肘 팔꿈치)

   2) ◀)) ① キイン(起因 기인)   ② キヒン(気品 기품)

   3) ◀)) ① イトシイ(愛しい 사랑스럽다)   ② ヒトシイ(等しい 동등하다)

   4) ◀)) ① セイエン(声援 성원)   ② セイヘン(政変 정변)

5) 🔊 ① フエン(敷衍 부연)　　　② フヘン(普遍 보편)

6) 🔊 ① キオン(気温 기온)　　　② キホン(基本 기본)

7) 🔊 ① オーフク(往復 왕복)　　② ホーフク(報復 보복)

8) 🔊 ① セイシ(生死 생사)　　　② セイヒ(成否 성패)

9) 🔊 ① シショー(支障 지장)　　② シヒョー(指標 지표)

10) 🔊 ① ヒショー(飛翔 비상)　　② ヒヒョー(批評 비평)

(2) 다음 원어민의 음성을 듣고 일치하는 예를 골라보세요.

1) 🔊 ① コンラン(混乱 혼란)　　② コンナン(困難 곤란)

2) 🔊 ① センネン(千年 천년)　　② センレン(洗練 세련)

3) 🔊 ① シンライ(信頼 신뢰)　　② シンナイ(心内 마음 속)

4) 🔊 ① サンニン(三人 세명)　　② サンリン(山林 산림)

5) 🔊 ① シンノー(親王 친왕)　　② シンロー(新郎 신랑)

6) 🔊 ① ドーガン(童顔 동안)　　② ローガン(老眼 노안)

7) 🔊 ① キンダイ(近代 근대)　　② キンライ(近来 근래)

8) 🔊 ① ケンジ(検事 검사)　　　② ケンリ(権利 권리)

9) 🔊 ① カンジョー(感情 감정)　② カンリョー(官僚 관료)

10) 🔊 ① サイジョー(最上 최상)　② サイリョー(最良 최선)

(3) 다음 원어민의 음성을 반복하여 듣고 악센트에 주의하여 큰 소리로 발음해 보세요.

1) 🔊 ニョニン(女人 여인)

2) 🔊 フナノリ(船乗り 뱃사람)

3) 🔊 オクラレル(送られる 보내지다)

4) 🔊 ラレツスル(羅列する 나열하다)

5) 🔊 トクハイン(特派員 특파원)

6) 🔊 コンラン(混乱 혼란)

7) 🔊 センネン(千年 천년)

8) 🔊 シンナイ(心内 마음 속)

9) 🔊 サンニン(三人 세명)

10) 🔊 シンロー(新郎 신랑)

(4) 원어민의 음성을 듣고 일치하는 예를 고르세요.

1) 🔊 ① シンミ(親身 근친)　　② シンギ(審議 심의)

2) 🔊 ① バンノー(万能 만능)　　② バンゴー(番号 번호)

3) 🔊 ① センネン(專念 전념)　　② センゲン(宣言 선언)

4) 🔊 ① サンミ(三位 삼위)　　② サンギ(参議 참의)

5) 🔊 ① レンマ(練磨 연마)　　② レンガ(煉瓦 기와)

6) 🔊 ① イガイ(以外 이외)　　② イナイ(以内 이내)

7) 🔊 ① ゴゲン(語源 어원)　　② ゴネン(5年 오년)

8) 🔊 ① シツゲン(失言 실언)　　② シツネン(失念 실념)

9) 🔊 ① カゴー(化合 화합)　　② カノー(化膿 화농)

10) 🔊 ① カイガン(海岸 해안)　　② カイナン(海難 해난)

(5) 다음 원어민의 음성을 반복하여 듣고 악센트에 주의하여 큰소리로 발음해 보세요.

1) 🔊 カガミ(鏡 거울)

2) 🔊 アマグモ(雨雲 먹구름)

3) 🔊 ナゴヤ(名古屋 나고야)

4) 🔊 キューギョー(休業 휴업)

5) 🔊 スイギュー(水牛 물소)

6) 🔊 ハンガノハガキ(版画の葉書 판화 엽서)

7) 🔊 ゲラゲラワラウ(げらげら笑う 껄껄 웃다)

8) 🔊 オンガクガッコー(音楽学校 음악학교)

9) 🔊 ニジューゴ(25 이십오)

10) 🔊 シンゲンリ(新原理 신 원리)

5 **Slash-reading과 OJAD를 이용한 문 인토네이션 연습(repeat와 shadowing)**

[회화체 문(1)] ◀))

○ 동사의 청유표현

여 : 一緒に帰りましょうか。//

　　함께 돌아가시겠습니까?

남 : いまは/ちょっと/無理です。//後で帰ります。//

　　지금은 좀 어렵습니다. 나중에 돌아가겠습니다.

① 위의 회화체 문에 Slash와 포즈 기호를 넣고 OJAD의 韻律読み上げチュータスズキクン을 실행시켜 보세요.(http://www.gavo.t.u-tokyo.ac.jp/ojad/phrasing/index)

② OJAD 실행 결과를 보며 손으로 제스춰를 취하면서 5번씩 소리 내어 발음해 보세요.

③ OJAD 실행 결과를 보며 원어민 음성을 들은 후 5번씩 따라서 소리 내어 발음해 보세요.

④ OJAD 실행 결과를 보지 않고 원어민 음성을 들으며 동시에 5번씩 소리내어 발음해 보세요.

[회화체 문(2)] ◀))

○ 이메일 어드레스를 물을 때

　差し支えなければ、//アドレスを/教えていただけますか。//

　지장이 없으시다면 어드레스를 가르쳐 주시겠습니까?

① 위의 회화체 문에 Slash와 포즈 기호를 넣고 OJAD의 韻律読み上げチュータスズキクン을 실행시켜 보세요.(http://www.gavo.t.u-tokyo.ac.jp/ojad/phrasing/index)

② OJAD 실행 결과를 보며 손으로 제스춰를 취하면서 5번씩 소리 내어 발음해 보세요.

③ OJAD 실행 결과를 보며 원어민 음성을 들은 후 5번씩 따라서 소리 내어 발음해 보세요.

④ OJAD 실행 결과를 보지 않고 원어민 음성을 들으며 동시에 5번씩 소리 내어 발음해 보세요.

[문장체 문(1)] ◀))

大切なお荷物を、//しっかりと/丁寧に/お届いたします。//

중요한 짐을 확실하게 잘 전달하겠습니다.

① 위의 문장체 문에 Slash와 포즈 기호를 넣고 OJAD의 韻律読み上げチュータスズキクン을

실행시켜 보세요.(http://www.gavo.t.u-tokyo.ac.jp/ojad/phrasing/index)

② OJAD 실행 결과를 보며 손으로 제스춰를 취하면서 5번씩 소리 내어 발음해 보세요.

③ OJAD 실행 결과를 보며 원어민 음성을 들은 후 5번씩 따라서 소리 내어 발음해 보세요.

④ OJAD 실행 결과를 보지 않고 원어민 음성을 들으며 동시에 5번씩 소리 내어 발음해 보세요.

[문장체 문(2)] ◀))

○ 일본전래동화읽기 "우라시마 타로(浦島太郎)"(11)

竜宮には/三日しかいなかったのに、//地上では/その間に/１００年の年月が/過ぎていたのでした。//「ああ、//何ということだ。//まさか↗こんなことが起こるなんて。//信じられない…。//」太郎は/悲しくなり、/砂の上に座ってしまいました。//「100年も前に/母親も死んでしまったし、//私には/もう/家も何もない。//この玉手箱しか残っていない。//どうしよう…。//」と/つぶやき、//しばらく/玉手箱を見つめました。//

용궁에는 3일밖에 있지 않았는데 지상에서는 그 동안에 100년의 세월이 지났던 것입니다. "아, 어떻게 된 거야. 설마 이런 일이 일어날 줄이야. 믿을 수 없어…" 타로는 슬퍼져서 모래 위에 주저앉아 버렸습니다. "100년 전에 어머니도 돌아가시어 버렸고 나에게는 이젠 집도 없다. 이 상자 밖에 남은 게 없네. 어떻게 하지…"하고 하소연하며 한동안 상자를 바라보았습니다.

① 다음 문장체 문에 Slash와 포즈 기호를 넣고 OJAD의 韻律読み上げチュータスズキクン을 실행시켜 보세요.(http://www.gavo.t.u-tokyo.ac.jp/ojad/phrasing/index)

② OJAD 실행 결과를 보며 손으로 제스춰를 취하면서 5번씩 소리내어 발음해 보세요.

③ OJAD 실행 결과를 보며 원어민 음성을 들은 후 5번씩 따라서 소리내어 발음해 보세요.

④ OJAD 실행 결과를 보지 않고 원어민 음성을 들으며 동시에 5번씩 소리내어 발음해 보세요.

교토 銀閣寺 내의 お茶の井

제12과

일본어의 ッ음과 외래어음의 일본어 표기와 발음

학습내용

- 일본어의 ッ음
- 외래어음의 일본어 표기와 발음
- 일본어의 ッ음 관련 연습
- 외래어음의 일본어 표기와 발음 관련 연습
- Slash-reading과 OJAD를 이용한 문 인토네이션 연습(repeat와 shadowing)

○ 일본어 ツ의 자음음소는 /c/로 나타내며 실질적인 음은 [ʦ]임.

○ 일본어 ツ의 자음 [ʦ]는 [t]와 같이 성대 진동을 동반하지 않는 무성음임. 조음위치는 「タテト」와 마찬가지로 치경(齒莖)이며 조음방법은 파찰음(破擦音)임. 이것을 종합하면 일본어 ツ의 자음 [ʦ]은 무성치경파찰음임.

○ 발음법

ツ의 자음 [ʦ]는 혀 끝을 윗 니 바로 뒤의 딱딱한 살 부분에 붙였다가 조금 열어 그 사이로 폐로부터의 공기가 지나가게 하여 마찰시켜 소리를 냄. 이 때 성대는 떨리지 않음. 특히 이 음은 일본어의 'う'단임에도 불구하고 모음의 발음을 '우'가 아닌 '으'에 가깝게 발음한다는 것에 주의해야 함. 일본어의 'つ'음은 한국어로는 '쯔'가 가장 가까운 음이지만 혀 끝을 세워 윗 니 바로 뒤의 딱딱한 살 부분에 조금 붙인다는 것이 차이가 남. 특히 한국어의 '쓰'나 チュ[ʧɯ]와 같이 '추', '쭈'로 발음하지 않도록 주의해야 함. ◀))

예) 机 책상   つくえ(○)   ちゅくえ(×)

○ 현재 외래어음을 일본어로 표기할 때 표준으로 삼는 것은 1991년 내각훈령고시 '외래어 표기[外来語の表記]' 원칙에 따름

○ 외래어 표기

[머리말]

1. 이 "외래어 표기"는 법령, 공용문서, 신문, 잡지, 방송 등 일반사회생활에 있어서 현대 국어를 써서 나타내기 위한 "외래어 표기"의 근거로 삼는 것임

2. 이 "외래어 표기"는 과학, 기술, 예술 그 밖의 각종 전문분야나 개개인의 표기에 까지 영향을 미치려고 하는 것은 아님

3. 이 "외래어 표기"는 고유명사 등(예를 들면 인명, 회사명, 상품명 등)에서 이 표기법에 의하기 힘든 부분까지 영향을 미치려는 것은 아님

4. 이 "외래어 표기"는 과거에 행해진 갖가지 표기를 부정하려는 것은 아님

5. 이 외래어 표기는 "본문"과 "부록"으로 구성됨. "본문"에는 "외래어 표기"에 이용되는 가나

와 부호 표를 게재하고, 이것에 유의사항1(원칙적인 사항)과 유의사항2(세칙 사항)을 첨가함. "부록"에는 용례집으로서 일상에 자주 이용되는 외래어를 주로 하여 유의사항2에 예시한 어나 그 밖의 지명, 인명의 예 등을 오십음도 순으로 게재함.

[본문]

<외래어 표기에 이용되는 가나와 부호 표>

1. 제1표의 가나는 외래어나 외국의 지명, 인명을 나타내는 데 일반적으로 이용하는 가나로 함.
2. 제2표의 가나는 외래어나 외국의 지명, 인명을 원음이나 원래의 철자에 가능한한 가깝게 나타내려고 할 경우에 이용하는 가나로 함.
3. 제1표, 제2표의 가나로는 나타낼 수 없는 특별한 음의 표시방법은 여기에서는 정하지 않고 자유로 함.
4. 제1표, 제2표에 의해 어를 나타낼 경우에는 대개 유의사항을 적용함.

第1表

ア	イ	ウ	エ	オ			シェ	
カ	キ	ク	ケ	コ			チェ	
サ	シ	ス	セ	ソ	ツァ		ツェ	ツォ
タ	チ	ツ	テ	ト	ファ	ティ	フェ	フォ
ナ	ニ	ヌ	ネ	ノ		フィ	ジェ	
ハ	ヒ	フ	ヘ	ホ		ディ		
マ	ミ	ム	メ	モ			デュ	
ヤ		ユ		ヨ				
ラ	リ	ル	レ	ロ				
ワ								
ガ	ギ	グ	ゲ	ゴ				
ザ	ジ	ズ	ゼ	ゾ				
ダ	ヂ	ヅ	デ	ド				
バ	ビ	ブ	ベ	ボ				
パ	ピ	プ	ペ	ポ				

第2表

キャ		キュ		キョ			イェ	
シャ		シュ		ショ		ウィ	ウェ	ウォ
チャ		チュ		チョ	クァ	クィ	クェ	クォ
ニャ		ニュ		ニョ		ツィ		
ヒャ		ヒュ		ヒョ		トゥ		
ミャ		ミュ		ミョ	グァ			
リャ		リュ		リョ		ドゥ		
ギャ		ギュ		ギョ	ヴァ	ヴィ ヴ	ヴェ	ヴォ
ジャ		ジュ		ジョ		テュ		
ビャ		ビュ		ビョ		フュ		
						ヴュ		

ン(撥音)
ッ(促音)
ー(長音符号)

<유의사항 1(원칙적인 사항)>

1. 이 "외래어 표기"에서는 외래어나 외국의 지명, 인명을 가타카나로 나타낼 경우의 것을 취급함

2. 「ハンカチ」와「ハンケチ」,「グローブ」와「グラブ」와 같이 어형에 혼란이 있는 경우에는 그 어형을 어느 한 쪽으로 정하지 않음

3. 어형이나 그 표기방법에 있어서는 관용적으로 정해져 있는 경우에는 관용에 따름. 분야에 따라 다른 관용적인 표기가 정해져 있는 경우에는 각각의 관용에 따라도 됨.

4. 국어화의 정도가 강한 어는 대개 제1표의 가나로 나타낼 수가 있음. 한편 국어화 정도가 그다지 강하지 않은 어, 어느 정도 외국어에 가깝게 나타낼 필요가 있는 어−특히 지명, 인명의 경우−는 제2표에 제시한 가나를 이용하여 나타낼 수가 있음.

5. 제2표에 제시한 가나를 이용할 필요가 없는 경우에는, 제1표에 제시한 가나의 범위에서 나타낼 수가 있음.

6. 특별한 음을 나타내는 방법에 있어서는 정하지 않고 자유롭게 하기로 하나, 그 중에는 예를 들면「スィ」「ズィ」「グィ」「グェ」「グォ」「キェ」「ニェ」「ヒェ」「フョ」「ヴョ」등의 가나가 포함됨.

<유의사항 2(세칙사항)>

이하 각 항에 제시한 어의 예는 각각의 가나 용법의 한 예로써 나타낸 것으로, 그 어를 언제나 그렇게 쓰지 않으면 안되는 것을 의미하는 것은 아님. 어의 예 중에 지명, 인명에는 각각 (地)(人)의 문자를 첨가함.

Ⅰ. 제1표에 제시한「シェ」이하의 가나에 관한 것

　　1.「シェ」「ジェ」는 외래음シェ, ジェ에 대응하는 가나임.

　　　　주1 :「セ」「ゼ」로 관용적으로 쓰는 경우는 이 관용에 따름.

　　2.「チェ」는 외래음チェ에 대응하는 가나임.

　　3.「ツァ」「ツェ」「ツォ」는 외래음ツァ, ツェ, ツォ에 대응하는 가나임.

　　4.「ティ」「ディ」는 외래음ティ, ディ에 대응하는 가나임.

　　　　주1:「チ」「ジ」로 관용적으로 쓰는 경우는 이 관용에 따름.

　　　　주2:「テ」「デ」로 관용적으로 쓰는 경우는 이 관용에 따름.

　　5.「ファ」「フィ」「フェ」「フォ」는 외래음ファ, フィ, フェ, フォ에 대응하는 가나임

　　　　주1 :「ハ」「ヒ」「ヘ」「ホ」로 관용적으로 쓰는 경우는 이 관용에 따름.

　　　　주2 :「ファン」「フィルム」「フェルト」등은,「フアン」「フイルム」「フエルト」와 같이

관용적인 표기도 있음.

6. 「デュ」는 외래음デュ에 대응하는 가나임.

　주1 : 「ジュ」로 관용적으로 쓰는 경우는 이 관용에 따름.

II. 제2표에 제시한 가나에 관한 것

제2표에 나타낸 가나는 원음이나 원래의 철자에 가능한한 가깝게 나타내려고 할 경우에 이용하는 가나로 이 가나를 이용할 필요가 없는 경우에는 일반적으로 제1표에 제시한 가나의 범위에서 나타낼 수가 있음.

1. 「イェ」는 외래음イェ에 대응하는 가나임.

　주1 : 일반적으로는 「イエ」 또는 「エ」로 쓸 수 있음.

2. 「ウィ」「ウェ」「ウォ」는, 외래음 ウィ, ウェ, ウォ에 대응하는 가나임.

　주1 : 일반적으로는 「ウイ」「ウエ」「ウオ」로 쓸 수 있음.

　주2 : 「ウ」를 생략하고 관용적으로 쓸 경우에는 이 관용에 따름.

　주3 : 지명, 인명의 경우는 「ウィ」「ウェ」「ウォ」와 같이 관용적으로 쓰는 경향이 강함.

3. 「クァ」「クィ」「クェ」「クォ」는 외래음 クァ, クィ, クェ, クォ에 대응하는 가나임.

　주1 : 일반적으로는 「クア」「クイ」「クエ」「クオ」 또는 「カ」「キ」「ケ」「コ」로 쓸 수 있음.

　주2 : 「クァ」는 「クヮ」로 관용적으로 쓰는 경우도 있음.

4. 「グァ」는 외래음 グァ에 대응하는 가나임.

　주1 : 일반적으로는 「グア」 또는 「ガ」로 쓸 수 있음.

　주2 : 「グァ」는 「グヮ」로 관용적으로 쓰는 경우도 있음.

5. 「ツィ」는 외래음 ツィ에 대응하는 가나임.

　주1 : 일반적으로는 「チ」로 쓸 수 있음.

6. 「トゥ」「ドゥ」는 외래음 トゥ, ドゥ에 대응하는 가나임.

　주1 : 일반적으로는 「ツ」「ズ」 또는 「ト」「ド」로 쓸 수 있음.

7. 「ヴァ」「ヴィ」「ヴ」「ヴェ」「ヴォ」는 외래음 ヴァ, ヴィ, ヴ, ヴェ, ヴォ에 대응하는 가나임.

　주1 : 일반적으로는 「バ」「ビ」「ブ」「ベ」「ボ」로 쓸 수 있음.

8. 「テュ」는 외래음 テュ에 대응하는 가나임.

　주1 : 일반적으로는 「チュ」로 쓸 수 있음.

9. 「フュ」는 외래음 フュ에 대응하는 가나임.

　주1 : 일반적으로는 「ヒュ」로 쓸 수 있음.

10. 「ヴュ」는 외래음 ヴュ에 대응하는 가나임.

　주1 : 일반적으로는 「ビュ」로 쓸 수 있음.

Ⅲ. 발음(撥音), 촉음, 장음 그 밖에 관한 것

　1. 발음(撥音)은 「ン」을 이용하여 씀.

　　주1 : 관용적으로 撥音을 넣을 수 없는 경우는 이 관용에 따름.

　　주2 :「シンポジウム」을 「シムポジウム」와 같이 관용적으로 쓰는 경우도 있음.

　2. 촉음은 작게 「ッ」를 이용하여 씀.

　　주1 : 관용적으로 촉음을 넣을 수 없는 경우는 이 관용에 따름.

　3. 장음은 원칙적으로 장음부호 「ー」를 이용하여 씀.

　　주1 : 장음부호 대신에 모음글자를 넣어 쓰는 경우도 있음.

　　주2 :「エー」「オー」로 쓰지 않고 「エイ」「オウ」로 쓰는 관용 표기가 있는 경우, 이 관용
　　　　에 따름.

　　주3 : 영어 어말의 -er, -or, -ar 등에 해당하는 것은 원칙적으로 ア열 장음으로 하고 장음
　　　　부호 「ー」을 이용하여 나타냄. 단, 관용에 따라 「ー」을 생략할 수도 있음.

　4. イ열・エ열음 다음의 ア음에 해당하는 것은 원칙적으로 「ア」로 씀.

　　주1 :「ヤ」로 관용적으로 쓰는 경우는 이 관용에 따름.

　　주2 :「ギリシャ」「ペルシャ」에 대해서 「ギリシア」「ペルシア」로 관용적으로 쓰는 경
　　　　우도 있음.

　5. 어말(특히 원소명 등)의 -(i)um에 해당하는 것은 원칙적으로 「ー(イ)ウム」으로 씀.

　　주1 :「アルミニウム」을 「アルミニューム」로 관용적으로 쓰는 경우도 있음.

　6. 영어 철자 X에 해당하는 것을 「クサ」「クシ」「クス」「クソ」로 쓸지, 「キサ」「キシ」「キ
　　ス」「キソ」로 쓸 지는 관용에 따름.

　7. 요음에 이용하는 「ャ」「ュ」「ョ」는 작게 씀. 또한 「ヴァ」「ヴィ」「ヴェ」「ヴォ」나 「トゥ」
　　와 같이 조합하여 이용하는 경우의 「ア」「イ」「ウ」「エ」「オ」도 작게 씀.

　8. 복합된 어임을 나타내기 위하여 연결부호를 이용하는 경우, 각각의 분야의 관용에 따르
　　는 것으로 하고, 여기에서는 정하여 쓰지 않음.

이 "외래어 표기" 원칙에 의해 표기 및 발음은 현실 음에 더 접근하였고 외래어를 중심으로 음

절의 수가 33개 더 증가함. 증가한 이 음들의 발음과 단어의 형태를 살펴보면 다음과 같음.

1) イェ[je] ◀》

이 음은 반모음 [j]음을 발음할 때와 마찬가지로 혀의 중간부분을 입천장 위의 중간 부분의 딱딱한 곳에 접근시켜 소리를 냄. 이 때 성대는 떨리게 됨. イェ와 같이 두 박으로 발음하는 사람도 있음.한국어로는 [예]와 같이 발음하면 됨. ◀》

예) イェロー yellow 노란색 (イエロー로 발음하는 사람도 있음)

2) クァ[kwa], クィ[kwi], クェ[kwe], クォ[kwo] ◀》

이 음들의 자음 음은 우선 [k]음을 발음할 때와 마찬가지로 혀 안쪽을 입천장 안 쪽의 부드러운 부분에 붙였다가 떼면서 소리를 냄. 이 때 성대는 떨리지 않게 됨. 한국어로는 [콰][퀴][퀘] [퀴]음을 부드럽게 소리내면 됨. ◀》

예) クァルテット quartetto 콰르테토:4성부의 악곡 (カルテット로도 발음함)
    クィーン queen 여왕(クイーン으로도 발음함)
    クェスチョン question 질문(クエスチョン으로도 발음함)
    クォリティー quality 질(クオリティー로도 발음함)

3) グァ[gwa] ◀》

이 음의 자음 음은 우선 [g]음을 발음할 때와 마찬가지로 혀 안쪽을 입천장 안 쪽의 부드러운 부분에 붙였다가 떼면서 소리를 냄. 이 때 성대는 떨리게 됨. 한국어로는 [ㅇ과]와 같이 소리내면 됨. ◀》

예) グァテマラ Guatemala 과테말라(국명)(グアテマラ와 같이 발음하는 경우도 있음)

4) シェ[ʃe] ◀》

이 음의 자음 음 [ʃ]은 「シ」음의 자음 음과 같이 혀 끝을 윗 니 바로 뒤의 딱딱한 살 부분 보다 더 안쪽에 접근시킨 상태에 폐로부터의 공기를 보내 마찰시켜 소리를 냄. 이 때 성대는 떨리지않음. 오늘날 외래어 수용에 의해 대부분의 일본인이 발음할수 있게 됨. 한국어로는 [셰]와 같이 소리를 내면 됨. 관용적으로セ로 표기하기도 함. ◀》

예) シェークスピア Shakespeare 세익스피어(인명)

5)ジェ[dʒe] ◀》

이 음의 자음 음 [dʒ]은 「ジ」음의 자음 음과 같이 혀 끝을 윗니 바로 뒤의 딱딱한 살 부분 보다 조

금 더 안 쪽에 붙였다가 조금 열어 그 사이로 폐로부터의 공기가 지나가게 하여 마찰시켜 소리를 냄. 이 때 성대는 떨리게 됨. 한국어로는 [ㅇ제]와 같이 소리를 내면 됨. ◀))

예) ダイジェスト digest 요약

6) チェ[ʧe] ◀))

이 음의 자음 음[ʧ]은 「チ」음의 자음 음과 같이 혀 끝을 윗니 바로 뒤의 딱딱한 살 부분 보다 조금 더 안 쪽에 붙였다가 조금 열어 그 사이로 폐로부터의 공기가 지나가게 하여 마찰시켜 소리를 냄. 이 때 성대는 떨리지 않음. 한국어로는 [체] 발음을 약하고 부드럽게 발음하면 됨. ◀))

예) チェック check 검사

7) ツァ[tsa], ツィ[tsi], ツェ[tse], ツォ[tso] ◀))

이 음의 자음 음 [ts]는 「ツ」음의 자음 음과 같이 혀 끝을 윗니 바로 뒤의 딱딱한 살 부분에 붙였다가 조금 열어 그 사이로 폐로부터의 공기가 지나가게 하여 마찰시켜 소리를 냄. 이 때 성대는 떨리지 않음. 한국어로는 혀 위치에 주의하며 [짜] [찌] [쩨] [쪼]의 발음을 이용함. ◀))

예) モーツァルト Mozart 모짜르트(인명),　ソルジェニーツィン solzhenitsyn 솔제니친(인명)

　　コンツェルン konzern 기업합동,　カンツォーネ canzone 칸초네

8) ティ[ti] ◀))

이 음의 자음 [t]는 「タ, テ, ト」의 자음의 음과 같이 혀 끝을 윗니 바로 뒤의 딱딱한 살 부분에 붙였다가 급히 파열시켜 폐로부터의 공기를 나가게 하여 소리를 냄. 이 때 성대는 떨리지 않음. 한국어로는 [티] 발음을 약하고 부드럽게 발음하면 됨. ◀))

예) パーティー party 파티

9) トゥ[tɯ] ◀))

이 음의 자음 [t]는 「タ, テ, ト」의 자음의 음과 같이 혀 끝을 윗니 바로 뒤의 딱딱한 살 부분에 붙였다가 급히 파열시켜 폐로부터의 공기를 나가게 하여 소리를 냄. 이 때 성대는 떨리지 않음. 한국어로는 [투] 발음을 약하고 부드럽게 발음하면 됨. ◀))

예) トゥー two 둘(ツー와 같이 발음하는 경우도 있음)

10) テュ[tjɯ] ◀))

이 음의 자음 [t]는 「タ, テm ト」의 자음의 음보다 더 안 쪽인 입천장 부분에 혀 끝을 붙였다가 급

히 파열시켜 폐로부터의 공기를 나가게 하여 소리를 냄. 이 때 성대는 떨리지 않음. 외국어음이라는 인상이 깊어 요음 チュ로 대행하는 경우가 많음. 한국어로 [튜]로 발음하면 됨. 🔊

예) テューブ tube 튜브(チューブ로 발음하는 경우도 있음)

11) ディ[di] 🔊

이 음의 자음 [d]는 「ダ, デ, ド」의 자음의 음과 같이 혀 끝을 세워 윗니 뒤쪽에 붙였다가 떼면서 소리를 냄. 이 때 성대는 떨리게 됨. 한국어로 [ᅳ디]와 같이 발음하면 됨. 🔊

예) ディズニーランド Disneyland 디즈니랜드(デズニーランド로 발음하는 사람도 있음)

12) ドゥ[dɯ] 🔊

이 음의 자음 [d]는 「ダ, デ, ド」의 자음의 음과 같이 혀 끝을 세워 윗니 뒤쪽에 붙였다가 떼면서 소리를 냄. 이 때 성대는 떨리게 됨. 한국어로는 [ᅳ두]와 같이 발음하면 된다. 🔊

예) ヒンドゥー Hindu 힌두(ヒンズー로도 발음함)

13) デュ[djɯ] 🔊

이 음의 자음[d]는 「ダ, デ, ド」의 자음의 음보다 더 안 쪽인 입천장 부분에 혀 끝을 붙였다가 떼면서 소리를 냄. 이 때 성대는 떨리게 됨. 한국어로는 [ᅳ듀]와 같이 발음하면 됨. 🔊

예) プロデューサー producer 프로듀서(プロジューサー로도 발음함)

　　デュエット duet 듀엣

14) ファ[ɸa], フィ[ɸi], フェ[ɸe], フォ[ɸo] 🔊

이 음의 자음 [ɸ]는 「ふ」의 자음의 음과 같이 양 입술을 좁혀 그 사이로 폐로부터의 공기가 나오면서 마찰을 일으켜 내는 소리임. 이 때 성대의 떨림은 일어나지 않음. 한국어로 [화] [휘] [훼] [훠]와 같이 발음하면 무난함. 🔊

예) ファイル file 파일,　フィールド field 필드

　　パーフェクト perfect 완벽한,　ユニフォーム uniform 유니폼

15) フュ[ɸjɯ] 🔊

이 음의 자음 [ɸ]는 「ふ」의 음과 같이 양 입술을 좁혀 그 사이로 폐로부터의 공기가 나오면서 마찰을 일으켜 내는 소리임. 이 때 성대의 떨림은 일어나지 않음. 한국어로 [휴]와 같이 발음하면 무난함. 🔊

예) フュージョン fusion 융합(ヒュージョン으로도 발음함)

16) ヴァ[va], ヴィ[vi], ヴ[vɯ], ヴェ[ve], ヴォ[vo] ◀)))

이 음들의 자음은 원래 [v]음인데 이 음을 실질적으로 내기는 힘들기 때문에 자음[b]의 음으로 대신함. 자음[b]의 음은 ば行음의 자음과 같이 양 입술을 오므렸다가 갑자기 열면서 소리를 냄. 이 때 성대는 떨리게 됨. 한국어로는 [ㅇ봐] [ㅇ뷔] [ㅇ브] [ㅇ붸] [ㅇ붜]와 같이 발음하면 무난함. ◀)))

예) ヴァイオリン violin 바이올린(バイオリン으로 발음하는 경우도 있음)

ヴィーナス venus 비너스(ビーナス로 발음하는 경우도 있음)

オリーヴ olive 올리브(オリーブ로 발음하는 경우도 있음)

ヴェール veil 베일(ベール로 발음하는 경우도 있음)

ヴォルガ Volga 볼가(ボルガ로 발음하는 경우도 있음)

17) ヴュ[vyɯ] ◀)))

이 음의 자음은 원래 [v]음인데 이 음을 실질적으로 내기는 힘들기 때문에 자음 [b]의 음으로 대신함. 자음 [b]의 음은 ば行음의 자음과 같이 양 입술을 오므렸다가 갑자기 열면서 소리를 냄. 이 때 성대는 떨리게 됨. 한국어로는 [ㅇ뷰]와 같이 발음하면 됨. ◀)))

예) レヴュー review 재조사(レビュー로도 발음함)

18) ウィ[wi], ウェ[we], ウォ[wo] ◀)))

이 음의 자음의 음은 「わ」의 자음의 음과 같이 양 입술을 좁힌 상태에 폐로부터의 공기가 마찰되면서 나오는 소리임. 이 때 성대는 떨리게 됨. 한국어로 [위] [웨] [워]와 같이 발음하면 무난함. ◀)))

예) ウィスキー whiskey 위스키(ウイスキー로도 발음하는 경우도 있음)

ウェット wet 젖은

ウォッチ watch 시계

지금까지 살펴 본 음은 본래 일본어에는 없는 음이기 때문에 발음에 주의하면서 몇 번이고 반복하여 연습할 필요가 있음.

(1) 원어민의 음성을 듣고 일치하는 예를 골라보세요.

1) ◀)) ① チューシン(中心 중심)   ② ツーシン(通信 통신)

2) ◀)) ① チューフー(中風 중풍)   ② ツーフー(痛風 통풍)

3) ◀)) ① チューコク(忠告 충고)   ② ツーコク(通告 통고)

4) ◀)) ① チューカイ(仲介 중개)   ② ツーカイ(痛快 통쾌)

5) ◀)) ① サンチュー(山中 산중)   ② サンツー(三通 3통)

6) ◀)) ① ムチュー(夢中 몰입)   ② ムツー(無痛 무통)

7) ◀)) ① シンチュー(進駐 진주)   ② シンツー(心痛 근심)

8) ◀)) ① カンチュー(寒中 한중)   ② カンツー(貫通 관통)

9) ◀)) ① センチュー(船中 배 속)   ② センツー(千通 천통)

10) ◀)) ① ビチュー(微衷 미충)   ② ビツー(微通 미통)

(2) 다음 원어민의 음성을 듣고 일치하는 예를 골라보세요.

1) ◀)) ① チューカ(中華 중화)   ② ツーカ(通貨 통화)

2) ◀)) ① ニッチュー(日中 낮)   ② ニッツー(日通 일본통운)

3) ◀)) ① チューキ(中気 중풍)   ② ツーキ(通気 통기)

4) ◀)) ① シチュー(支柱 지주)   ② シツー(歯痛 치통)

5) ◀)) ① チューコー(中興 중흥)   ② ツーコー(通行 통행)

6) ◀)) ① クチュー(苦衷 고충)   ② クツー(苦痛 고통)

7) ◀)) ① チューセツ(忠節 충절)   ② ツーセツ(通説 통설)

8) ◀)) ① コーチュー(甲虫 갑충)   ② コーツー(交通 교통)

9) ◀)) ① トーチュー(頭注 두주)   ② トーツー(疼痛 동통)

10) ◀)) ① ヒチュー(秘中 비밀 중)   ② ヒツー(悲痛 비통)

(3) 다음 원어민의 음성을 반복하여 듣고 악센트에 주의하여 큰 소리로 발음해 보세요.

1) ◀)) ツーシン(通信 통신)

2) ◀)) チューコク(忠告 충고)

3) 🔊 ツーカ(通貨 통화)

4) 🔊 チューカイ(仲介 중개)

5) 🔊 コーツー(交通 교통)

6) 🔊 シチュー(支柱 지주)

7) 🔊 チューセツ(忠節 충절)

8) 🔊 ツーセツ(通説 통설)

9) 🔊 ツーコー(通行 통행)

10) 🔊 チューコー(中興 중흥)

4 외래어음의 일본어 표기와 발음 관련 연습

(4) 원어민의 음성을 듣고 일치하는 예를 골라보세요

1) 🔊 ① カフェ(cafe 카페)	② カペ
2) 🔊 ① グアム(Guam 괌)	② ガム (gum 껌)
3) 🔊 ① シェイク(shake 흔들다)	② セイク(成句 성구)
4) 🔊 ① ジェット(jet 제트)	② ゼット(ZETT 오사카회사명)
5) 🔊 ① ファイル(file 파일)	② パイル
6) 🔊 ① トゥー (two 둘)	② ツー(two 둘)
7) 🔊 ① テューバ(tuba 튜바)	② チューバ(tuba 튜바)
8) 🔊 ① ヒンドゥー(Hindu 힌두)	② ヒンズー(Hindu 힌두)
9) 🔊 ① ヴェール(veil 베일)	② ベール(veil 베일)
10) 🔊 ① ウィンク　(wink 윙크)	② インク(ink 잉크)

(5) 다음 원어민의 음성을 반복하여 듣고 악센트에 주의하여 큰 소리로 발음해 보세요

1) 🔊 ウィスキー (whiskey 위스키)

2) 🔊 クィーン (queen 여왕)

3) 🔊 イェロー (yellow 노란색)

4) 🔊 シェークスピア (Shakespeare 셰익스피어(인명))

5) ◄)) ディズニーランド (Disneyland 디즈니랜드)

6) ◄)) パーフェクト (perfect 완벽한)

7) ◄)) モーツァルト (Mozart 모짜르트(인명))

8) ◄)) フュージョン (fusion 융합)

9) ◄)) ヴィーナス (venus 비너스)

10) ◄)) プロデューサー (producer 프로듀서)

5 Slash-reading과 OJAD를 이용한 문 인토네이션 연습(repeat와 shadowing)

[회화체 문(1)] ◄))

○ 동사의 과거 부정표현

여 : きのう、//先輩の結婚式に/行きましたか。//
　　 어제 선배 결혼식에 갔습니까?

남 : はい、//行きました。//
　　 예, 갔습니다.

여 : 写真も/撮りましたか。//
　　 사진도 찍었습니까?

남 : いいえ、//写真は/撮りませんでした。//
　　 아니요, 사진은 찍지 않았습니다.

① 위의 회화체 문에 Slash와 포즈 기호를 넣고 OJAD의 韻律読み上げチュータスズキクン을
　　실행시켜 보세요.(http://www.gavo.t.u-tokyo.ac.jp/ojad/phrasing/index)

② OJAD 실행 결과를 보며 손으로 제스춰를 취하면서 5번씩 소리 내어 발음해 보세요.

③ OJAD 실행 결과를 보며 원어민 음성을 들은 후 5번씩 따라서 소리 내어 발음해 보세요.

④ OJAD 실행 결과를 보지 않고 원어민 음성을 들으며 동시에 5번씩 소리내어 발음해 보세요.

[회화체 문(2)] ◄))

○ 담당자를 물을 때

　 失礼ですが、//ご担当者様は/どなたになりますでしょうか。//
　　 실례합니다만 담당자는 어떤 분이십니까?

① 위의 회화체 문에 Slash와 포즈 기호를 넣고 OJAD의 韻律読み上げチュータスズキクン을 실행시켜 보세요.(http://www.gavo.t.u-tokyo.ac.jp/ojad/phrasing/index)

② OJAD 실행 결과를 보며 손으로 제스춰를 취하면서 5번씩 소리 내어 발음해 보세요.

③ OJAD 실행 결과를 보며 원어민 음성을 들은 후 5번씩 따라서 소리 내어 발음해 보세요.

④ OJAD 실행 결과를 보지 않고 원어민 음성을 들으며 동시에 5번씩 소리 내어 발음해 보세요.

[문장체 문(1)] 🔊

お客様の/本人確認のため、//もう一度/パスワードを/入力してください。//
손님의 본인확인을 위해 한번 더 패스워드를 입력해 주세요.

① 위의 문장체 문에 Slash와 포즈 기호를 넣고 OJAD의 韻律読み上げチュータスズキクン을 실행시켜 보세요.(http://www.gavo.t.u-tokyo.ac.jp/ojad/phrasing/index)

② OJAD 실행 결과를 보며 손으로 제스춰를 취하면서 5번씩 소리 내어 발음해 보세요.

③ OJAD 실행 결과를 보며 원어민 음성을 들은 후 5번씩 따라서 소리 내어 발음해 보세요.

④ OJAD 실행 결과를 보지 않고 원어민 음성을 들으며 동시에 5번씩 소리 내어 발음해 보세요.

[문장체 문(2)] 🔊

○ 일본전래동화읽기 "우라시마 타로(浦島太郎)"(12)

太郎は/乙姫様に/開けてはいけないと言われたことも忘れ、//その/玉手箱を/開けたくなりました。//「何が/入っているのだろう。//宝物でも/あるのかな。//ちょっとだけ/見てみよう。//」と言い、//箱を開け、//中を/ちょっと覗きました。//すると、//そのとたん、//中から/ムクムクと/白い煙が/急に/出てきました。//「うわぁ、//何だ。//何の煙だ。//何だ。//」と、//驚いているうちに、//あっという間に/太郎は/煙につつまれてしまいました。//そして、//見る見るうちに、//太郎の髪の毛は/真っ白になり、//顔は/しわだらけになり、//腰も曲がって、//急に/おじいさんになってしまいました。//

타로는 오토히메가 열어서는 안 된다고 한 것을 잊어버리고 그 상자를 열고 싶어 졌습니다. "뭐가 들어 있는 거지. 보물이라도 있는 건가? 조금이라도 봐야지."하고 상자를 열어 안을 조금 엿보았습니다. 그러자 그 때, 그 안에서 뭉게뭉게 하얀 연기가 갑자기 피어 나왔습니다. "와, 뭐야? 무슨 연기지? 뭐야?"하고 놀라자 순식간에 타로는 휩싸여 버렸습니다. 그리고 순식간에 타로의 머리는 하얗게 되었고, 얼굴은 주름투성이에 허리도 굽어 갑자기 할아버지가 되어 버렸습니다.

① 다음 문장체 문에 Slash와 포즈 기호를 넣고 OJAD의 韻律読み上げチュータスズキクン을 실행시켜 보세요.(http://www.gavo.t.u-tokyo.ac.jp/ojad/phrasing/index)

② OJAD 실행 결과를 보며 손으로 제스춰를 취하면서 5번씩 소리내어 발음해 보세요.

③ OJAD 실행 결과를 보며 원어민 음성을 들은 후 5번씩 따라서 소리내어 발음해 보세요.

④ OJAD 실행 결과를 보지 않고 원어민 음성을 들으며 동시에 5번씩 소리내어 발음해 보세요.

일본어 발음 총정리

학습내용

■ 일본어의 음성(音声)

■ 일본어의 악센트, 인토네이션

■ 일본어 음성(音声) 관련 종합 연습

■ 일본어의 악센트, 인토네이션 관련 종합 연습

■ Slash-reading과 OJAD를 이용한 문 인토네이션 연습(repeat와 shadowing)

(1) 일본어의 모음(母音)과 자음(子音)

1) 일본어 모음(母音)

○ 모음: 구강이나 인두에서 폐쇄나 협착이 이루어지지 않고 나오는 음.

○ 일본어 모음의 음가

① 「ア」: 비원순모음이며 개구도가 가장 큰 중설모음으로 음성기호로는 [a]로 나타냄.

② 「イ」: 비원순모음이며 개구도가 가장 작은 전설모음으로 음성기호로는 [i]로 나타냄.

③ 「ウ」: 비원순모음이며 개구도가 작은 후설모음이지만 기본모음[u]와 비교하면 훨씬 전설적임. 음성기호로는 [ɯ]로 나타냄. ス, ツ의 경우는 그 정도가 더함.

④ 「エ」: 비원순모음이며 개구도가 [i]와 [a]의 중간 정도인 전설모음이고 음성기호로는 [e]로 나타냄.

⑤ 「オ」: 원순모음이며 중간 정도의 개구도를 가진 후설모음이고 음성기호로는 [o]로 나타냄.

2) 일본어 자음(子音)

○ 자음: 조음기관의 여러 곳에서 폐쇄나 협착 등의 장애에 의해서 만들어지는 음.

○ 자음 음소

/k/: カ행음과 カ행요음의 자음[k]로 무성연구개파열음.

/g/: ガ행음과 ガ행요음의 자음[g], [ŋ]로 유성연구개파열음.

/s/: 「サ・ス・セ・ソ」의 자음[s]인 무성치경마찰음과 「シ」의 자음[ʃ]인 무성치경경구개마찰음.

/z/: 「ザ・ズ・ゼ・ゾ」의 자음[ʣ]인 유성치경파찰음과 「ジ」의 자음[ʤ]인 유성치경경구개파찰음. 어두이외의 위치나 撥音 직후에 오지 않는 「ザ・ズ・ゼ・ゾ」의 자음은 [z]로 유성치경마찰음으로, 「ジ」의 자음은 [ʒ]로 유성치경경구개마찰음으로 발음됨.

/t/: 「タ・テ・ト」의 자음[t]인 무성치경파열음.

/c/: 「チ」와 タ행요음의 자음[ʧ]인 무성치경경구개파찰음과 「ツ」의 자음[ts]인 무성치경파찰음.

/d/: 「ダ・デ・ド」의 자음[d]인 유성치경파열음.

/n/: 「ナ・ヌ・ネ・ノ」의 자음[n]인 유성치경비음과 「ニ」와 ナ행요음의 자음[ɲ]인 유성치경경구개비음.

/ h / :「ハ・ヘ・ホ」의 자음[h]인 무성성문마찰음과「ヒ」의 자음[ç]인 무성경구개마찰음과
　　　「フ」의 자음[ɸ]인 무성양순마찰음.
/ b / : バ행음과 バ행요음의 자음[b]인 유성양순파열음.
/ p / : パ행음과 パ행요음의 자음[p]인 무성양순파열음.
/ m / : マ행음과 マ행요음의 자음[m]인 유성양순비음.
/ r / : ラ행음과 ラ행요음의 자음[ɾ]인 유성치경탄음.

○ 반모음 음소
/ j / : ヤ행음의 자음[j]인 유성경구개접근음.
/ w / : ワ행음의 자음[w]인 유성양순/연구개접근음.

○ 특수음소
/ N / : 발음(撥音)「ン」
[m] : 양순비음　　　　　　　　－ [p b m]음의 앞
[n] : 치경비음　　　　　　　　－ [t d ʣ ʤ n ɾ]음의 앞
[ɲ] : 치경경구개비음　　　　　－ [ɲ]음의 앞
[ŋ] : 연구개비음　　　　　　　－ [k g ŋ]음의 앞
[N] : 구개수비음　　　　　　　－ 어말
[Ṽ] : 비모음　　　　　　　　　－ [a i ɯ e o s ʃ z ʒ h ç ɸ j w]음의 앞
/ Q / : 촉음(促音)「ッ」
[k] [p] [t] [s] [ʃ] / [b] [d] [g]
/ R / : 장음(長音)「ー」
[ː]　　예: [aː] [iː] [ɯː] [eː] [oː]

(2) 직음(直音)과 요음(拗音)

1) 직음(直音):요음에 대립되는 개념. 일본어로 가나 한 자로 표기되는 음절을 말함.
　예) い[i],　か[ka],　だ[da],　な[na] 등
2) 요음(拗音):일본어 음운의 일종으로 직음에 대칭되는 명칭. 1음절을 표기하는데 가나 2자를
　가지고 나타낸 것. イ段(き, し, ち, に, ひ, み, り)에「や・ゆ・よ」를 작게 붙여서 나타냄.
　예) しゃ・しゅ・しょ,　ちゃ・ちゅ・ちょ,　にゃ・にゅ・にょ,　じゃ・じゅ・じょ,
　　　ぢゃ・ぢゅ・ぢょ 등

(3) 청음(淸音), 탁음(濁音), 반탁음(半濁音)

1) 청음(淸音)
○ 오십음도(五十音図)의 각 음절 및 여기에 대응하는 각 요음(拗音)음절. 즉, 일본어 중에 ア, カ, サ, タ, ナ, ハ, マ, ヤ, ラ, ワ행과 キャ・キュ・キョ, シャ・シュ・ショ, チャ・チュ・ チョ, ニャ・ニュ・ニョ, ヒャ・ヒュ・ヒョ, ミャ・ミュ・ミョ, リャ・リュ・リョ의 요음 (拗音)음절을 말함.

2) 탁음(濁音)
○ 청음에 대립하는 개념. 가나의 우측 어깨 부분에 탁점을 붙여 나타내는 음절(ば).
○ ガ・ザ・ダ・バ행 및 ギャ・ギュ・ギョ, ジャ・ジュ・ジョ/ヂャ・ヂュ・ヂョ, ビャ・ ビュ・ビョ의 요음(拗音)음절을 말함.

3) 반탁음(半濁音)
○ パ행, ピャ・ピュ・ピョ의 음절. パ행과 ピャ・ピュ・ピョ의 자음음소는 / p /이고 단음은 [p]로 무성양순파열음임.

(4) ザ행, ジャ행음

○ ザ행의 ザ・ズ・ゼ・ゾ의 자음[ʣ]은 유성치경파찰음이며, ジ와 ジャ・ジュ・ジョ의 자음 [ʤ]은 유성치경경구개파찰음임.
○ 어두 이외의 위치나 撥音 직후에 오지 않는 ザ・ズ・ゼ・ゾ의 자음은 [z]으로 유성치경마 찰음으로, ジ와 ジャ・ジュ・ジョ의 자음은 [ʒ]로 유성치경경구개마찰음으로 발음됨.
○ 한국어로 ザ[ʣa]・ゼ[ʣe]・ゾ[ʣo]의 발음은 우선 혀 끝을 세워 [사]음과 같은 위치에 혀 끝 을 가볍게 붙였다가 떼면서 [ㅇ자] [ㅇ제] [ㅇ조]와 같이 발음함. 이 음의 구별은 한국인에게 어 렵기 때문에 몇 번이고 원어민의 발음을 듣고 익숙해 져야만 함.
○ 요음 ジャ[ʤa]・ジェ[ʤe]・ジョ[ʤo]의 발음은 한국어로 [자][제][조]를 발음하는 느낌으로 [ㅇ자] [ㅇ제] [ㅇ조]와 같이 발음함.

(5) ハ/ナ/ラ행음과 ガ행비탁음

1) ハ행음
○ ハ행의 ハ・ヘ・ホ의 자음은 [h]로 무성성문마찰음이며, フ의 자음은 [ɸ]로 무성양순마찰

음, ヒ와 ヒャ・ヒュ・ヒョ의 자음은 [ç]로 무성경구개마찰음임.

2) ナ행음

○ ナ행의 ナ・ヌ・ネ・ノ의 자음은 [n]으로 유성치경비음이며, ニ와 ニャ・ニュ・ニョ의 자음은 [ɲ]로 유성치경경구개비음임.

3) ラ행음

○ ラ행의 ラ・ル・レ・ロ의 자음은 [ɾ]로 유성치경탄음이며 リ와 リャ・リュ・リョ의 자음은 [ɾʲ]로 경구개화된 유성치경탄음임.

4) ガ행비탁음

○ 기본적으로 어두에 오는 ガ행음의 자음은 [g]로 유성연구개파열음이며, 어중어미에 오는 ガ행음의 자음은 [ŋ]로 유성연구개비음임. 후자와 같이 [ŋ]로발음하는 것을 ガ행의 비음화라 하며 비음화된 음을 ガ행비음 또는 ガ행비탁음이라고 함.

예) 유성연구개파열음 [g]의 예

ガイコク[gaikokɯ]外国 외국, ゴク[gokɯ]語句 어구

유성연구개비음[ŋ]의 예

サガク[saŋakɯ]差額 차액, カグ [kaŋɯ]家具 가구, カゲ[kaŋe]影 그림자

コゴエル[koŋoerɯ]凍える 얼다

(6) ツ음

○ 일본어 ツ의 자음 [ts]는 [t]와 같이 성대 진동을 동반하지 않는 무성음임. 조음위치는 「タテト」와 마찬가지로 치경(歯茎)이며 조음방법은 파찰음(破擦音)임. 이것을 종합하면 일본어 ツ의 자음[ts]은 무성치경파찰음임.

○ 발음법

ツ의 자음 [ts]는 혀 끝을 윗 니 바로 뒤의 딱딱한 살 부분에 붙였다가 조금 열어 그 사이로 폐로부터의 공기가 지나가게 하여 마찰시켜 소리를 냄. 이 때 성대는 떨리지 않음. 특히 이 음은 일본어의 'う'단임에도 불구하고 모음의 발음을 '우'가 아닌 '으'에 가깝게 발음한다는 것에 주의해야 함. 일본어의 'つ'음은 한국어로는 '쯔'가 가장 가까운 음이지만 혀 끝을 세워 윗 니 바로 뒤의 딱딱한 살 부분에 조금 붙인다는 것이 차이가 남. 특히 한국어의 '쓰'나 チュ[tʃɯ]와

같이 '추', '쭈'로 발음하지 않도록 주의해야 함.

(7) 리듬과 관련된 장음, 촉음, 발음(撥音), 연모음

○ 일본어의 리듬단위에는 짧은 단위(・)와 긴 단위(─)가 있음.

○ 짧은 단위는 1박, 긴 단위는 2박 길이임.

○ 장음, 발음(撥音), 촉음, 모음연속(ai, oi 등의 연모음)이 있으면 긴 단위가 됨.

  예) カード(card), かんじ(漢字), もっと, よいしょ
      ─   ・   ─   ・   ・ ・   ・ ・

○ 짧은 단위(・)가 두개 늘어서면 ⌣를 하나의 그룹과 같이 발음함.

○ 일본어의 리듬은 ・, ─, ⌣의 조합임.

○ 「です」「ます」도 하나의 그룹과 같이 ⌣로 발음함.

○ 박과 리듬의 관계

        お は よ う ご ざ い ま す
   리듬   ⌣   ─   ・   ─   ⌣
   박   ・ ・ ・ ・ ・ ・ ・ ・ ・

○ 리듬 단위 정리법
  ─ 우선순의 1 : 긴 단위(장음・촉음・발음・연모음이 있는 것)는 하나로 모아짐.
  ─ 우선순위 2 : 「です」「ます」는 하나로 모아짐.
  ─ 우선순위 3 : 앞에서 차례대로 2박씩 모아짐. 한 박 남는 것은 짧은 단위임.

(8) 외래어음의 일본어 표기와 발음

○ 현재 외래어음을 일본어로 표기할 때 표준으로 삼는 것은 1991년 내각훈령고시 '외래어 표기' 원칙에 따름. 이 원칙에 의거하여 표기는 현실 음에 더 접근하였고 외래어를 중심으로 음절의 수가 33개 더 증가함.

○ 33개음과 표기

  イェ[je], クァ[kwa], クィ[kwi], クェ[kwe], クォ[kwo], グァ[gwa], シェ[ʃe], ジェ[dʒe],
  チェ[ʧe], ツァ[tsa], ツィ[tsi], ツェ[tse], ツォ[tso], ティ[ti], トゥ[tɯ], テュ[tjɯ], ディ[di],
  ドゥ[dɯ], デュ[djɯ], ファ[ɸa], フィ[ɸi], フェ[ɸe], フォ[ɸo], フュ[ɸjɯ], ヴァ[va], ヴィ[vi],
  ヴ[vɯ], ヴェ[ve], ヴォ[vo], ヴュ[vjɯ], ウィ[wi], ウェ[we], ウォ[wo]

(1) 일본어의 악센트

- 정의 : 악센트절(語 또는 文節)을 구성하는 박(拍) 상호간에 인정할 수 있는 상대적(相対的)인 고저관계(高低関係)의 규칙.
- 특징
  - 고저 악센트이며 [고] [저] 2종류의 박 조합에 의해 어(語)의 악센트가 구성됨.
  - 공통어의 악센트에는 규칙이 있음.
    - 첫번째 박과 두번째 박의 높이가 다름.
    - 하나의 어 또는 문절 속에서 한 번 음이 낮아지면 다시 높아 지지 않음.
    예) 3박 명사의 경우(● : 높은 박, ○ : 낮은 박, ▶ : 조사 높은 박, ▷:조사 낮은 박)
    (가능)　　●○○▷, ○●○▷, ○●●▷, ○●●▶
    (불가능)　●●●▷, ●●●▶, ●●○▷, ●○●▶, ●○●▷

(2) 일본어의 인토네이션

1) 정의
일정의 표현단위(단어, 구, 문 등)에 주로 고저(pitch)라고 하는 음성적 속성을 부과함으로써 그 전달형식, 즉 [문체]를 정하는 것.

2) 특징
- 문 전체(문말 포함)에 나타남.
- 형태는 정해져 있지 않음. 실제 높이의 변화로써 여러가지 패턴이 나타남.
- 해당하는 문의 단어 악센트, 문의 구조, 발화의 의도에 의해 정해짐.
- 일본어 평서문의 인토네이션은 보통 [︿]자와 같은 형태로 나타남.
- 일본어 인토네이션은 다른 외국어에 비해 비교적 평평한 느낌으로 발음됨.
- 자연스러운 발음으로 들리기 위해서 가장 중요한 요소임.
- 문의 어느 부분을 상대에게 가장 전하고 싶은지, 그 문을 어떠한 의도로 발음했는가를 나타내는 등 음성으로 커뮤니케이션을 할 때 가장 중요한 역할을 가지고 있음.

3) 일본어 문말 인토네이션

○ 문말 종조사 「か」의 인토네이션

  − 질문 : 「か」를 짧게 올려서 발음함.

    そうですか？ ↗ 그렇습니까?

  − 안타까움: 점점 약하게 소리도 내림.

    そうですか。 ↘ 그렇군요.

  − 이해함: "알았습니다"라는 기분을 나타낼 때에는 짧게 내림.

    そうですか。 ↘ 그렇군요.

  − 의심: 일단 낮게 내렸다가 천천히 올림.

    そうですか。 ↘↗ 그럴까요.

  − 놀람, 기쁨: 놀람이나 기쁨을 나타내는 경우는 「そう」와 「か」의 고저의 폭으로 나타냄.
    「そ」는 꽤 높고 밝게 발음함.

    そうですか。↓ 그렇군요.

3 일본어 음성(音声) 관련 종합 연습

(1) 원어민의 음성을 듣고 일치하는 예를 골라보세요.

  1) ◀)) ①ジユー(自由 자유)   ②ジュー(銃 총)

  2) ◀)) ①ヒョー(費用 비용)   ②ヒョー(表 표)

  3) ◀)) ①ツチ(土 흙)   ②チ(血 피)

  4) ◀)) ①カカシ(案山子 허수아비)   ②カシ(歌詞 가사)

  5) ◀)) ①カクイ(各位 각위)   ②ガクイ(学位 학위)

  6) ◀)) ①タイヘン(大変 큰 일)   ②ダイヘン(代返 대리출석)

  7) ◀)) ①ゾーゲン(増減 증감)   ②ジョーゲン(上限 상한)

  8) ◀)) ①ジャル(JAL 일본항공)   ②ザル(笊 소쿠리)

  9) ◀)) ①カンチュー(寒中 한중)   ②カンツー(貫通 관통)

  10) ◀)) ①センネン(千年 천년)   ②センレン(洗練 세련)

(2) 다음 원어민의 음성을 듣고 일치하는 예를 골라보세요.

1) 🔊 ① シュカン(主観 주관)   ② シューカン(習慣 습관)

2) 🔊 ① カド(角 모퉁이)   ② カード(card 카드)

3) 🔊 ① キョダイ(巨大 거대)   ② キョーダイ(強大 강대)

4) 🔊 ① オト(音 소리)   ② オット(夫 남편)

5) 🔊 ① カコ(過去 과거)   ② カッコ(括弧 괄호)

6) 🔊 ① ジンイン(人員 인원)   ② ジニン(辞任 사임)

7) 🔊 ① フネン(不燃 불연)   ② フンエン(噴煙 분연)

8) 🔊 ① コンナン(困難 곤란)   ② コンラン(混乱 혼란)

9) 🔊 ① コシ(腰 허리)   ② コーシ(格子 격자)

10) 🔊 ① コイ(恋 사랑)   ② コーイ(好意 호의)

(3) 다음 원어민 음성을 듣고 짧은단위(·)와 긴 단위(─)의 리듬단위를 표시해 봅시다. 표시할 때, 짧은 단위는 숫자 1로, 긴 단위는 숫자 2로, 짧은 단위 두개가 하나의 그룹이 되는 것은 숫자 3으로 표시 하세요.

1) 🔊 おめでとうございます。 축하합니다

2) 🔊 しつれいします。 실례합니다

3) 🔊 ごめんなさい。 죄송합니다

4) 🔊 ごちそうさまでした。 잘 먹었습니다

5) 🔊 たいへんですね。 큰일이군요

4   **일본어의 악센트, 인토네이션 관련 종합 연습**

(1) 다음 단어의 원어민의 음성을 듣고 악센트 형은 무엇인지, 악센트의 핵이 뒤에서 몇 번째에 있는 지 맞춰 보세요. 악센트의 핵이 없으면 0으로 표시하세요.

1) 🔊 アヤ 文 아야

2) 🔊 マモル 守 마모루

3) 🔊 ケン 健 켄

4) 🔊 ユタカ 豊 유타카

5) 🔊 ミノル 実 미노루

6) 🔊 オモイ 重い 무겁다 종지형

7) 🔊 オモク 重く 무겁고 연용형

8) 🔊 オモクテ 重くて 무겁고 연용형

9) 🔊 オモカッタ 重かった 무거웠다 연용형

10) 🔊 オモケレバ 重ければ 무거우면 가정형

(2) 다음 원어민의 음성과 문말 화살표 표시를 보고 어떠한 의미의 문말 인토네이션인지 답하시오.

1) 🔊 どうでしたか？ ↗ 어땠습니까?

2) 🔊 本当ですか。↘↗ 정말이에요.

3) 🔊 これは分かりましたね。↗ 이건 알겠지요?

4) 🔊 違うよ。加藤さんじゃない。↘ 아냐, 가토상이 아냐.

5) 🔊 本当ですか。↓ 정말이지요?

5 Slash-reading과 OJAD를 이용한 문 인토네이션 연습(repeat와 shadowing)

[문장체 문] 🔊

天気予報で使う/「一時雨」や/「時々雨」などというのは、//雨の日の数や/量を表すのではなく、//雨の時間の長さを/表します。//「一時」という用語は、//ある現象が/連続的に起こり、//それが/予報期間の/三分の一未満の時に/使用されます。//「時々」という用語は、//ある現象が/断続的に起こり、//予報期間の中で/天気が変化する時に/使われます。//予報期間というのは、//予報する対象の/期間です。//では、//3月24日の例を/見てみましょう。//この図を/見てください。//

일기예보에서 사용하는 "일시적 비"나 "때때로 비"와 같이 말하는 것은 비 오는 날수나 양을 나타내는 것이 아니라, 비가 오는 시간 길이를 나타냅니다. "일시적"이라는 용어는 어떤 현상이 연속적으로 일어나 그것이 예보 기간의 1/3미만 때에 사용됩니다. "때때로"라는 용어는 어떤 현상이 산발적으로 일어나 예보 기간 중에 날씨가 변화할 때 사용됩니다. 예보기간이라는 것은 예보하는 대상의 기간입니다. 그럼 3월24일의 예를 볼까요.이 그림을 봐 주세요.

① 위의 문장체 문에 Slash와 포즈 기호를 넣고 OJAD의 韻律読み上げチュータスズキクン을
　실행시켜 보세요.(http://www.gavo.t.u-tokyo.ac.jp/ojad/phrasing/index)
② OJAD 실행 결과를 보며 손으로 제스춰를 취하면서 5번씩 소리 내어 발음해 보세요.
③ OJAD 실행 결과를 보며 원어민 음성을 들은 후 5번씩 따라서 소리 내어 발음해 보세요.
④ OJAD 실행 결과를 보지 않고 원어민 음성을 들으며 동시에 5번씩 소리 내어 발음해 보세요.

부록

연습문제 해답

제2과 듣기 쉽고 알기 쉬운 일본어 인토네이션

3. 규칙적인 악센트 연습

  (1) 1) 두고형, 뒤에서 2번째

        2) 평판형, 0

        3) 평판형, 0

        4) 두고형, 뒤에서 3번째

        5) 평판형, 0

        6) 두고형, 뒤에서 2번째

        7) 평판형, 0

        8) 두고형, 뒤에서 2번째

        9) 두고형, 뒤에서 3번째

       10) 평판형, 0

  (2) 1) 두고형, 뒤에서 2번째

        2) 평판형, 0

        3) 중고형, 뒤에서 2번째

        4) 평판형, 0

        5) 중고형, 뒤에서 2번째

  (3) 1) 두고형, 뒤에서 2번째

        2) 두고형, 뒤에서 2번째

        3) 두고형, 뒤에서 3번째

        4) 두고형, 뒤에서 4번째

        5) 두고형, 뒤에서 4번째

        6) 평판형, 0

        7) 평판형, 0

        8) 중고형, 뒤에서 3번째

        9) 중고형, 뒤에서 4번째

       10) 중고형, 뒤에서 4번째

       11) 중고형, 뒤에서 2번째

       12) 중고형, 뒤에서 3번째

       13) 중고형, 뒤에서 4번째

       14) 중고형, 뒤에서 5번째

       15) 중고형, 뒤에서 5번째

  (4) 1) 두고형, 뒤에서 2번째

        2) 중고형, 뒤에서 2번째

        3) 두고형, 뒤에서 2번째

        4) 중고형, 뒤에서 2번째

        5) 중고형, 뒤에서 2번째

제3과 일본어의 모음(母音)과 자음(子音)

3. 일본어 모음과 자음, 모음의 무성화 연습

  (1) 1) 연구개음, 무성/파열음

        2) 치경음, 무성/마찰음

        3) 치경음, 무성/파열음

        4) 치경음, 유성/비음

        5) 성문음, 무성/마찰음

        6) 양순음, 무성/마찰음

        7) 양순음, 유성/비음

        8) 경구개음, 유성/접근음

        9) 치경음, 유성/탄음

       10) 양순음/연구개음, 유성/접근음

  (2) 1) 치경경구개음, 조음방법 : 무성/마찰음

        2) 치경경구개음, 조음방법 : 유성/파찰음

        3) 치경경구개음, 조음방법 : 무성/파찰음

        4) 치경음, 무성/파찰음

        5) 경구개음, 무성/마찰음

        6) 치경경구개음, 조음방법 : 유성/비음

        7) 경구개음, 유성/접근음

        8) 성문음, 무성/마찰음

        9) 치경음, 유성/파찰음

       10) 치경음, 유성/파찰음

  (3) 1) 양순음

        2) 치경음

        3) 치경경구개음

        4) 연구개음

        5) 구개수음

  (4) 1) ①

        2) ②

        3) ①

        4) ②

        5) ①

제4과 일본어의 직음(直音)과 요음(拗音)

3. 일본어의 직음(直音)과 요음(拗音)을 이용한 박(拍)과 음절(音節) 연습

  (1) 1) 3 박 2 음절

        2) 3 박 3 음절

3) 2 박 2 음절
4) 2 박 1 음절
5) 4 박 4 음절
(2) 1) 4 박 3 음절
2) 3 박 2 음절
3) 4 박 4 음절
4) 2 박 2 음절
5) 3 박 3 음절
(3) 1) ①
2) ②
3) ①
4) ②
5) ①
(4) 1) ②
2) ①
3) ②
4) ①
5) ②

8) ①
9) ②
10) ①
(3) 1) 312123
2) 3213
3) 1212
4) 312
5) 32331
6) 231
7) 231
8) 3231
9) 2231
10) 121/13
(4) 1) 231
2) 3333
3) 2323
4) 2331
5) 323

제5과 일본어의 리듬 I – 장음(長音)과 연모음(連母音) –
4. 일본어 장음, 연모음과 관련된 리듬 연습
(1) 1) 12
2) 21
3) 3
4) 321
5) 223
6) 12
7) 22
8) 22
9) 22
10) 123
(2) 1) ②
2) ①
3) ②
4) ②
5) ①
6) ②
7) ②

제6과 일본어의 리듬 II – 촉음(促音) –
2. 일본어 촉음과 관련된 리듬 연습
(1) 1) 21
2) 22
3) 231
4) 121
5) 21
6) 21
7) 22
8) 22
9) 223
10) 223
(2) 1) ②
2) ①
3) ②
4) ②
5) ①
6) ②
7) ②

(3) 1) 31/21
2) 121/22
3) 121/22
4) 31/21
5) 121/22
6) 31/21
7) 31/21
8) 121/22
9) 31/21
10) 121/22

(4) 1) 31/21/3
2) 2221/3/121/3
3) 121/233/223
4) 23/331/21
5) 21/21/3
6) 23/31/121/3
7) 23/31/331/31
8) 221/233/123
9) 1231/33/223
10) 31/2233/123

제7과 일본어의 리듬 Ⅲ - 발음(撥音) -

2. 일본어 발음(撥音)과 관련된 리듬 연습

(1) 1) 23
2) 23
3) 22
4) 23
5) 22
6) 22
7) 21
8) 23
9) 221
10) 232

(2) 1) ②
2) ①

3) ①
4) ①
5) ②
6) ②
7) ②
8) ①
9) ②
10) ①

(3) 1) 121/22
2) 121/22
3) 121/22
4) 221/12
5) 221/12
6) 121/22
7) 13/3
8) 221/22
9) 121/22
10) 221/22

(4) 1) 221/33/221/3
2) 31/23/2331
3) 221/2233
4) 2231/223
5) 221/221/221

제8과 일본어 축약형과 문말인토네이션

3. 일본어 축약형 연습

(1) 1) ~てしまった
2) ~なければならない
3) ~ては
4) ~ていた
5) ~ていたら
6) ~ていって
7) ~でおこう
8) ~てあげる
9) ~られない
10) ~らなかった

(2) 1) 休んでしまった。
2) 話している。

3) 開けておいて。

4) 起きていた。

5) 買っておこう。

6) 忘れてしまう。

7) 飲んであげるよ。

8) 行かなければ。

9) 分からないよ。

10) 見ていて。

(3)　1) 早く書かなきゃ。

2) 彼はすぐ遊んじゃうよ。

3) 鳥が飛んでるよ。

4) もう帰っちゃった。

5) 行く前に食べとこう。

6) この本、読んどいてね。

7) ここで見てて。

8) いま飲んでる。

9) そこまでは知んないの。

10) 雨、降ってるよ。

4. 일본어 문말인토네이션 연습

(1)　1) 질문

2) 의심

3) 생각 중

4) 확인

5) 자신의 의견 주장

6) 동의 구함

7) 부정

8) 동의 구함. 확인

9) 상대에게 물음

10) 놀람, 기쁨

제9과 일본어의 청음(清音)·탁음(濁音)·반탁음(半濁音)

2. 일본어의 청음(清音)·탁음(濁音)·반탁음(半濁音)관련 연습

(1)　1) ②

2) ②

3) ①

4) ②

5) ①

6) ②

7) ②

8) ①

9) ②

10) ②

(2)　1) ②

2) ②

3) ①

4) ②

5) ①

6) ②

7) ②

8) ②

9) ②

10) ①

(3)　1) ②

2) ②

3) ②

4) ①

5) ②

6) ②

7) ①

8) ①

9) ②

10) ②

제10과 일본어의 ザ행·ジャ행음

2. 일본어의 ザ행·ジャ행음 관련 연습

(1)　1) ①

2) ②

3) ②

4) ①

5) ②

6) ①

7) ②

8) ①

9) ①

10) ①

(2)　1) ①

2) ②
3) ①
4) ②
5) ②
6) ①
7) ②
8) ②
9) ①
10) ①
(3) 1) ①
2) ①
3) ②
4) ①
5) ①
6) ①
7) ①
8) ①
9) ①
10) ②

제11과 일본어의 ハ・ナ・ラ행음과 ガ행비탁음
3. 일본어의 ハ・ナ・ラ행음 관련 연습
(1) 1) ②
2) ①
3) ②
4) ①
5) ②
6) ②
7) ①
8) ②
9) ①
10) ②
(2) 1) ②
2) ②
3) ①
4) ②
5) ①
6) ②

7) ①
8) ②
9) ①
10) ②
4. 일본어의 ガ행비탁음 관련 연습
(4) 1) ②
2) ①
3) ②
4) ②
5) ①
6) ①
7) ②
8) ①
9) ①
10) ②

제12과 일본어의 ッ음과 외래어음의 일본어 표기와 발음
3. 일본어의 ッ음 관련 연습
(1) 1) ②
2) ①
3) ②
4) ②
5) ②
6) ①
7) ②
8) ②
9) ②
10) ①
(2) 1) ②
2) ②
3) ②
4) ①
5) ②
6) ②
7) ②
8) ①
9) ②
10) ①

4. 외래어음의 일본어 표기와 발음 관련 연습
    (4) 1) ①
        2) ①
        3) ①
        4) ②
        5) ①
        6) ①
        7) ②
        8) ①
        9) ①
       10) ①

제13과 일본어 발음 총정리

3. 일본어 음성 관련 종합연습
    (1) 1) ②
        2) ②
        3) ②
        4) ①
        5) ②
        6) ②
        7) ①
        8) ①
        9) ②
       10) ②
    (2) 1) ①
        2) ①
        3) ①
        4) ②
        5) ②
        6) ②
        7) ②
        8) ①
        9) ②
       10) ②
    (3) 1) 312123
        2) 3213
        3) 1212
        4) 32331
        5) 2231

4. 일본어의 악센트, 인토네이션 관련 종합연습
    (1) 1) 정답 : 두고형, 뒤에서 2번째
        2) 정답 : 평판형, 0
        3) 정답 : 두고형, 뒤에서 2번째
        4) 정답 : 두고형, 뒤에서 3번째
        5) 정답 : 평판형, 0
        6) 정답 : 평판형, 0
        7) 정답 : 평판형, 0
        8) 정답 : 중고형, 뒤에서 3번째
        9) 정답 : 중고형, 뒤에서 4번째
       10) 정답 : 중고형, 뒤에서 4번째
    (2) 1) 질문
        2) 의심
        3) 확인
        4) 부정
        5) 놀람, 기쁨

저 자 약 력

┃ 정 현 혁(鄭炫赫)

1993년 한국외국어대학교 일본어과 졸업
1995년 한국외국어대학교대학원 일어일문학과 졸업(문학석사)
2007년 와세다(早稲田)대학대학원 문학연구과 졸업(문학박사)

현 재   사이버한국외국어대학교 일본어학부 교수
         일본어학(일본어사) 전공

논문 및 저서
「キリシタン版国字本の文字・表記に関する研究」
「吉利支丹心得書の仮名遣い―和語を中心に―」
「慶応義塾図書館蔵『狭衣の中将』の使用仮名」
「キリシタン版『ぎやどぺかどる』の仮名の用字法」
「定訓漢字の観点からみる常用漢字」
『스마트 일본어』
『한국인이 틀리기 쉬운 일본어 발음』
『일본어학의 이해』
『일본어 첫걸음』
『일본어 한자기초 1006자』
『일본 상용한자 2136자 읽기』
『한권 완벽대비 일본어 능력시험 N2』
『일본어악센트 습득법칙』(역)
『미디어 일본어』(개정판)
등 다수

일본어 발음연습

초 판 인 쇄   2022년 03월 04일
초 판 발 행   2022년 03월 07일

저   자   정현혁
발 행 인   윤석현
발 행 처   제이앤씨
책 임 편 집   최인노
등 록 번 호   제7-220호

우 편 주 소   서울시 도봉구 우이천로 353
대 표 전 화   02) 992 / 3253
전   송   02) 991 / 1285
전 자 우 편   jncbook@hanmail.net

ⓒ 정현혁 2022 Printed in KOREA.

ISBN 979-11-5917-195-6   13730   정가 13,000원